# みんなが輝く！組体操の技と指導のコツ

台東区立東泉小学校教諭
谷古宇 栄
［著］

運動会で盛り上がる組体操の技を
チームワークよく、安全に行うために

ナツメ社

## はじめに

　組体操という運動は、『小学校学習指導要領解説　体育編』には示されていません。しかしながらこの運動によって養われる運動感覚は、今の児童にとって重要なものが少なくありません。直立の姿勢維持、腕立てによる体の支持、2人組によるバランス感覚など、多人数になればなるほど普段の体育の授業では身に付けることが難しいものもあります。また、集団でひとつの目的に向かって何かを創り上げるという経験は、何にも代え難い価値が含まれています。

　さて本書の作成にあたり、第一に「安全に配慮すること」次に「無理をさせないこと」を土台にしました。「安全に配慮すること」とは運動する環境は当然のことですが、ここでは、正しい知識と確かな技能の習得と捉えました。指導者はもちろんのことですが、児童に正しくその内容が伝わらなければ安全面において不備が出てきます。技能の向上にもつながりません。また、「無理をさせないこと」とはできそうもない技をさせないことでもありますが、ここでは技に対する児童の役割分担、つまり適材適所と捉えています。技のポイントを十分に理解し

た上で児童の実態を把握し、組み合わせを考えることが技の成功に欠かせないことはいうまでもありません。

　本書はできるだけ画像を多く用い、ポイントがわかりやすいように作成されています。技の数こそ多くはありませんが、ひとつの技の流れを順番に示しています。本書を活用し、児童1人ひとりに組体操を通して安全で成就感のある体育学習を味わわせていただきたいと思います。

台東区立東泉小学校教諭　谷古宇 栄

# Contents

はじめに ─────────── 2
本書の見方・DVDの使い方 ─────────── 6

## 第1章　組体操の技

### 1人技

直立 ─────────── 8
馬 ─────────── 8
天突き ─────────── 9
片手支持 ─────────── 10
水平バランス ─────────── 11
V字バランス ─────────── 11
カエル倒立 ─────────── 12
仰向け腕立て ─────────── 13
ひざ曲げ仰向け腕立て ─────────── 13
ブリッジ ─────────── 14
肩倒立 ─────────── 15

### 2人技

片手支持交差 ─────────── 16
三角肩倒立 ─────────── 17
2段腕立て支持 ─────────── 18
2段ひざ曲げ仰向け腕立て ─────────── 20
長座腕立て支持 ─────────── 22
すべり台 ─────────── 23
補助倒立 ─────────── 24
肩車 ─────────── 26
サボテン ─────────── 27

### 3人技

3人扇 ─────────── 28
3人サボテン ─────────── 30
3段バランス ─────────── 32
3人すべり台 ─────────── 34
飛行機 ─────────── 36

### 4人技

騎馬 ─────────── 38
4人タワー ─────────── 40
4人飛行機 ─────────── 42
トーテムポール ─────────── 44

### 5人技

5人扇 ─────────── 46
5人サボテン ─────────── 48
5人やぐら ─────────── 50
自由の女神 ─────────── 52
エレベーター ─────────── 56
滝つぼ ─────────── 58

### 6人技

2重扇 ─────────── 60
星 ─────────── 62
つり橋 ─────────── 64
6人ピラミッド ─────────── 68
高速ピラミッド ─────────── 72
大トーテムポール ─────────── 74

### 多人数技

- 8人ピラミッド ── 78
- 9人やぐら ── 80
- 10人ピラミッド ── 84
- 10人タワー ── 88
- 山 ── 92

### コンビネーション技

- スキージャンプ ── 102
- 成長 ── 102
- 宇宙旅行 ── 103
- 城 ── 103

**コラム**
「笛を使った指導」と「保護者への連絡」── 104

### ウォール技

- やぐらウォール ── 96
- サボテンウォール ── 98
- ウェーブ ── 100

## 第2章　組体操の作品例

- 組体操の構成の立て方 ── 106
- 隊形をつくる際のポイント ── 108
- 作品例① 和〜共に歩む無限の力〜 ── 112
- 作品例② 宇宙〜宇宙開発への挑戦〜 ── 118
- 作品例③ 海から生まれたいのち ── 122

**コラム**
「運動会当日の欠席」と「運動会後」── 126

## 第3章　組体操の指導のコツ

- 組体操の準備　組体操を指導する前に ── 128
- 組体操の基本①　能力に合わせた指導 ── 130
- 組体操の基本②　ジョイント ── 134
- 組体操の基本③　力のバランス ── 140
- 組体操の指導　指導プランをつくる ── 146
- 　　　　　　　1〜10日目 ── 150〜159

# 本書の見方

**技を行う人数**

**技名**

**補助**
必ず補助をつける技を表します。

**ポイント**
技を成功させるためのポイントを解説。図は、意識するポイント、ジョイントする部位などを表します。

**Close up!**
注目すべき部分を拡大して詳しく説明します。

**言葉掛けのコツ！**
児童に声を掛けるときに、どのような言葉を掛けると理解しやすいか紹介します。

**組体操ワンポイント**
技を行う上でポイントになる部分、別のやり方などを解説します。

**指導のポイント**
NG例や、技が成功しない場合の解決策、またその練習方法を紹介します。

# DVDの使い方

**メインメニュー**
オープニング画面のあとに、メインメニューが表示されます。メインメニューには8つのセクションが表示されます。すべてを通して見たい場合は「All play」を選び、技を個別に見たい場合は、各セクションを選びます。

**セクションメニュー**
各セクション画面から、個別の技が選べます。「All play」を選ぶと、セクション内すべての技が見られます。メインメニューへは「メインメニューへ戻る」を選びます。

## DVDのご利用にあたって

**●ご利用になる前に**
・DVDの内容は本書の1章と原則的に同じですが、一部異なる部分もあります。
・各再生機能につきましては、ご使用になるプレーヤーの機能によっては、正常に動作しない場合があります。

**●健康上の注意**
・DVDをご覧いただく際は、部屋を明るくして、テレビ画面に近づきすぎないようにしてください。

**●著作権**
・本DVDの使用は、教育機関による適正な使用、私的な使用に限られます。権利者に無断でディスクに収録されている内容の全部または一部を、有償、無償を問わず複製・転売・放送・インターネットによる配信・上演・レンタルすることは法律で禁じられています。

## 第1章

# 組体操の技

組体操は正しい知識と確かな技術を
習得することが大切です。
技のポイントを押さえ、
安全に配慮しながら技に取り組みましょう。

## 1人技

# 直立

組体操の基本となる形のひとつ。直立から多くの技に発展するのでポイントをしっかりと押さえて指導する。

**ポイント**

- 顔は正面を向く。
- 胸と腰をそりすぎない。
- 頭→耳→肩→太もも付け根→ひざ→土踏まずが一直線になる。

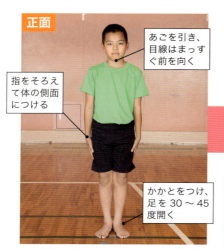

**正面**
- あごを引き、目線はまっすぐ前を向く
- 指をそろえて体の側面につける
- かかとをつけ、足を30〜45度開く

口を閉じ、あごを引いて正面を向き、体の軸を意識してまっすぐ立つ。肩や腰の傾きに注意する。

**横 / 完成**
- 腰はそりすぎない

横から見た際に頭、耳、肩、太もも付け根、ひざの横、土踏まずの中央が一直線になる。

**言葉掛けのコツ!**
中指はズボンの縫い目につけよう

**Close up!**
中指に力を入れると指先全体がきれいに伸びる。指先はそろえる。

---

## 1人技

# 馬

直立と同様に組体操の基本となる形のひとつ。ピラミッドなど、大技の土台となる重要な技。

**ポイント**

- 顔は正面を向く。
- 背すじを伸ばす。
- ひじ、ひざを曲げないよう意識する。

**横 / 完成**
- 背すじは常にまっすぐ

直立の姿勢から、ひざをつく位置を最初に決め、それに合わせて手の位置を決める。手とひざがそれぞれ地面に対して垂直になるようにする。立ち上がり、直立をする。

**Close up!**
腰を押してもらって、馬の強度を確認する。

**正面 / 完成**
- 顔を上げる
- 両手をつく位置をそろえる

手、足は肩幅くらいに開いて顔は正面を向き、背中をそらないように意識する。

**言葉掛けのコツ!**
上に人が乗ることを意識しよう

## 1人技

# 天突き

体を縮ませて力をため、一気に伸びて躍動感を表現する。「伸び」の際に「よいしょ！」と掛け声を掛けて、力強く手を突き上げると元気よく見える。

### ポイント

- 足は肩幅に開く。
- 胸を張って、前かがみにならないようにする。
- 力強く手のひらで天を突く。

第1章 組体操の技 / 1人技　直立／馬／天突き

**1** 直立の姿勢から足を肩幅に開き、かかとと肩の幅が同じになるようにする。

（肩幅に合わせて足を開く）

正面

（手を広げ上に向ける）

**2** 手のひらを上に向け、ひじを曲げる。手は何かを持ち上げる姿勢。ゆっくりと腰を落とす。

横

（胸を張る／前かがみにならないようにする）

ひざを曲げてできるだけ腰を落とす。地面にしっかりとつま先とかかとをつける。

正面　完成

（顔は突き上げた先を見る）

**3** 「よいしょ！」の掛け声とともに一気に立ち上がり、手のひらで天を突き上げる。その際、腕はまっすぐ上に伸ばす。腕を下ろし、直立をする。

横　完成

（かかとはしっかりとつける）

体の軸がぶれないように、まっすぐ突き上げるように意識させる。手で空を押し上げるイメージ。

### 言葉掛けのコツ！
重いものを持ち上げるつもりで空を押し上げよう

Close up!

ひざを伸ばし、体全体がまっすぐになるように意識する。

9

**1人技**

# 片手支持

組体操の中では基本的なバランス技。片手で体を支え、指先を伸ばすことで美しく見せるよう指導する。

**ポイント**
- 指先はしっかりと伸ばす。
- 足はそろえて体をまっすぐにする。
- ひざは曲げない。

（指先／つま先）

正面を見る

**1** まっすぐ前を見て次の動作を意識しながら、直立をする。

正面

手は肩幅に開く

**2** 素早くしゃがんで、手を地面につく。まっすぐ前を見る。

横

手は肩より前につく

手は肩より前につき、重心を少し前に傾ける。

ひざはまっすぐにする

ひじはまっすぐにする

**3** 両足を後ろに出し、腕立ての姿勢になる。ひじ、ひざが曲がらないよう、体をまっすぐに伸ばす。

両足をそろえる。難しい場合は片足を後ろにして支えてもよい。

完成

指先を見る

腕は一直線にし、体に対して垂直にする

Close up!

**4** 片手で体を支えて、体を開く。もう片方の腕をしっかりと伸ばし、指先をまっすぐにする。足を重ね、ひざを伸ばす。立ち上がり、**1**のように直立をする。

**言葉掛けのコツ！**
胸を張って体が一直線になることを意識しよう

## 1人技

# 水平バランス

腕を大きく水平に広げてバランスを取る。しっかりとつま先、指先が伸びた、美しい形を意識させる。

**ポイント**

- 背すじは伸ばす。
- ひざは軽く曲げてもよい。
- 両腕は水平に広げる。

第1章 組体操の技

1人技　片手支持／水平バランス／V字バランス

横　完成
体が一直線になるようにする

正面　完成
顔を上げ、まっすぐ前を見る

**言葉掛けのコツ!**
足や手だけでなく、全身が水平になることを意識しよう

Close up!
腕をまっすぐ伸ばし、足と腕が垂直になるようにする。

直立の姿勢から腕を水平に広げ、頭から背中、つま先まで一直線にする。かかとが浮かないように、バランスを取る。

指先をしっかりと伸ばし、顔を上げまっすぐ前を見る。足を下ろし、直立をする。

## 1人技

# V字バランス

手で体を支えて、足をしっかりと伸ばす。体全体でV字を表現する。

**ポイント**

腹　つま先
- 手で体をしっかりと支える。
- 腹筋を使って、つま先まで足を伸ばす。
- 背中が曲がらないようにする。

**1** 体育座りをして次の動作の準備をする。背すじを伸ばす。

足はそろえる

**2** 背すじを伸ばしたまま、後ろに手をつき、体を支える。足を伸ばして、長座の姿勢になる。

ひじは曲げない

**3** 足をそろえて上げ、つま先までしっかりと伸ばす。立ち上がり、直立をする。

完成　Close up!
つま先まで一直線に伸ばす

11

**1人技**

# カエル倒立

両ひじを両ひざの内側に引っ掛け、カエルの姿を表現する。バランスを取るのがやや難しいので、どこで体を支えるのかがポイントになる。

**ポイント**

- ひじ
- ひざ

▶ ひじでひざの内側を支えてバランスを取る。
▶ 重心は前に傾ける。
▶ 指を開き、中指を正面に向ける。

**1** 正面を向き、直立をする。

腕は肩幅より少し開く

**2** 両腕を肩幅より少し外側に開き、手を地面につけてしゃがむ。顔は正面を向く。

**言葉掛けのコツ！**
体が前に倒れすぎないようにしよう

Close up!

両ひじを両ひざの内側に引っ掛け、ひじを張る。

**正面** **完成**

正面を向く

指は開く

**3** 指をしっかりと開き、重心を徐々に前へ移動させる。顔を上げ正面を向く。立ち上がり、**1**のように直立をする。

Close up!

中指を正面に向け、体のバランスを取る。

**横** **完成**

指先はそろえる

前傾姿勢になってバランスを取る。腕だけで支えるのではなく、ひじをひざのくぼみに引っ掛け、体を支えやすくする。

Close up!

ひざの内側のくぼみの部分を目印にする。

| 1人技 |
|---|

# 仰向け腕立て

両手を後ろ側に向け、体を支える。腕立てと似ているが、体を後ろ向きにするので難易度は上がる。

**ポイント**
- 頭からつま先までまっすぐに伸ばす。
- 手は後ろに向ける。
- ひじをしっかりと伸ばす。

重心は後ろに傾ける

**1** 体育座りからひじを伸ばして体の後ろに手をつく。重心を後ろに少し傾けて長座の姿勢になる。

**言葉掛けのコツ！**
腰が下がらないように、胸を張ろう

完成／一直線にする／腰が下がりすぎないように

**2** 素早く腰を上げ、頭からつま先まで一直線にする。腰が下がらないようにして、ひじをまっすぐ伸ばす。顔は上を向く。立ち上がり、直立をする。

Close up!
中指を後ろに向け、指を開き、体をしっかりと支える。

| 1人技 |
|---|

# ひざ曲げ仰向け腕立て

仰向け腕立ての応用技。頭からひざまでできるだけ水平にして、ベンチのような形を意識させる。

**ポイント**
- ひざは90度に曲げる。
- 手と体の角度は90度にする。
- 体はまっすぐに保つため、腹筋に力を入れる。

横／完成／頭からひざまで水平に

長座の姿勢から腕をつき、ひざを直角に曲げ、腰を上げる。体が水平になることを意識して、お腹に力を入れる。ひざを伸ばしすぎたり、曲げすぎない。

正面／完成／腕は肩幅より少し広く

足と腕は肩幅を目安に開いて体を支え、顔は上を見るようにする。立ち上がり、直立をする。

第1章 組体操の技　1人技　カエル倒立／仰向け腕立て／ひざ曲げ仰向け腕立て

## 1人技

# ブリッジ

背中を大きくそらし、体をアーチ状にする。腰を高く上げるように指導する。

**ポイント**

- ▶ 腰の位置をできるだけ高くする。
- ▶ 手と足は肩幅に開く。
- ▶ 手と足で体をしっかりと支える。

両ひじの高さをそろえる

**1** 体育座りの姿勢から横になり、ひじとひざを少し曲げる。指先を肩のほうに向ける。

**言葉掛けのコツ！**
手のひらと足の裏をしっかりと地面につけよう

**組体操ワンポイント**

わきをしめ、指先を肩に近づけ、力が入るようにする。手のひらをしっかりと地面につける。

横　腰の位置を高く　完成

**2** 手と足で地面を押し、腰を上げたら足の位置を調整する。体が美しいアーチを描くよう意識する。

正面　完成　手の幅は広げすぎない

バランスが取れなくなるので、手の幅を広げすぎないようにする。立ち上がり、直立をする。

---

**指導のポイント　こんなときはどうする？**

### 補助をして感覚づくりをする

ブリッジがうまくいかない人がいたら、横になった状態から腰を持ち上げて形を覚えさせる。何回か練習をして、慣れたら1人でやらせてみる。

## 1人技

# 肩倒立

体がまっすぐになるよう、つま先までしっかりと伸ばす。
肩とひじで体を、手で腰を支えるよう指導する。

### ポイント

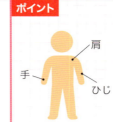

- 腰を手で押さえて体の傾きを調整する。
- 肩だけではなくひじでも体を支える。
- つま先を見る。

第1章 組体操の技

1人技　ブリッジ／肩倒立

足をそろえ、手を組む

**1** 背すじを伸ばして体育座りをする。

ひじとひざを伸ばす

**2** 手を後ろにつき、足を伸ばして長座の姿勢になる。顔は正面を向く。

Close up!

仰向け腕立てのように、中指を後ろに向けて、体を支える

**言葉掛けのコツ!**
マット運動のゆりかごをイメージしよう

**3** 背を後ろに一気に倒し、足を真上に上げる。素早く腰を手で支える。ひじは地面につける。

足を閉じ、つま先までまっすぐ伸ばす。ひじと肩で体を、手で腰を支える。立ち上がり、直立をする。

勢いよく背を後ろに倒して、足を上に上げる。

横　完成
つま先までまっすぐに
ひじは地面につける

正面　完成
足を閉じ、つま先を伸ばす

## 2人技

# 片手支持交差

片手支持を前後に並ぶ2人で行う。お互いの指先が近づくように、位置や技の形を意識するよう指導する。

### ポイント

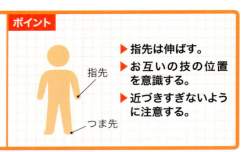

- ▶ 指先は伸ばす。
- ▶ お互いの技の位置を意識する。
- ▶ 近づきすぎないように注意する。

**1** 前後・左右に間隔をあけ、直立をする。

前後・左右に間隔をあける

**2** 片手支持をした際に、上になる足を横に出し、後ろの人がお互いの位置を調整する。両手を地面につけ、体を支える。

両手は地面につける

後ろの人は前の人の足を基準にする

### 言葉掛けのコツ！
指先を伸ばして2人でひとつの技になるよう意識しよう

**3** 片手支持をして、指先を伸ばす。しっかりと指先を見る。バランスを崩して倒れないよう注意する。

指先がしっかり伸びているか確認する。

Close up!

正面　完成

目線は指先

お互いの指先が同じ方向を向くようにする

間隔を十分にあけて、指先から肩までしっかりと伸ばす。体が曲がっていると姿勢が崩れてしまうので、注意する。立ち上がり、**1**のように直立をする。

横　完成

頭の位置を下げない

足をそろえる

## 2人技

# 三角肩倒立

2人で肩倒立を行い、三角形をつくる。できるだけ体格が同じ人同士で行うように指導する。

### ポイント

- 間隔を最初に確認する。
- つま先を合わせる。
- お互いのつま先が少し内側を向くよう意識する。

**1** 直立の姿勢から横になり、お互いの頭がぶつからない位置を確認する。2人の体が一直線になるように調整する。

頭がぶつからないようにする

2人の体が一直線になるように

**2** 肩倒立のときと同じように、後ろに手をつき、長座の姿勢になる。指先はお互いに、相手のほうにしっかりと向ける。

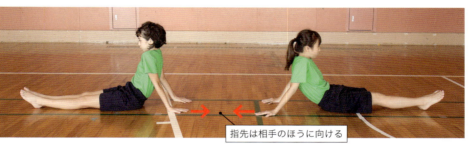

指先は相手のほうに向ける

**3** 肩倒立をし、お互いのつま先を少し内側に傾け、合わせる。三角形をイメージする。立ち上がり、直立をする。

### 組体操ワンポイント

お互いのつま先を合わせることで、三角形に見える。つま先を合わせる際は、ゆっくりと近づける。

完成

三角形に見えるように

ひじは地面につける

Close up!

両手を腰にあて、バランスを崩さないようにしっかりと支える。

### 言葉掛けのコツ！
ひじと手のひらを使って腰を支え、バランスを保とう

## 2人技

# 2段腕立て支持

足をまっすぐに持ち上げ、姿勢を保つ。下の人が、上の人の足を持ち上げた際に、2人の体が平行に見えるように指導する。

### ポイント

腕
足

- ひじをしっかりと伸ばす。
- 下の人は足を落とさないよう腕を垂直に伸ばす。
- 2人の体が平行になるようにする。

**1** 横に並び、直立をする。

**2** 下の人が一歩前に出て仰向けに寝る。上の人は直立のまま待機する。

仰向けになり、体をまっすぐにする

**3** 上の人が下の人をまたぎ、馬になる。下の人の体を踏まないよう注意しながら、位置を調整する。

横

上の人はひじを伸ばし、指と顔を正面に向ける。下の人は上の人の手の内側に足をそろえる。

正面

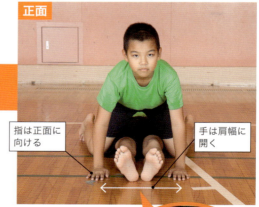

指は正面に向ける

手は肩幅に開く

下の人の足から上の人の手までの間隔が、左右同じになるようにする。

Close up!

足と手は等間隔に

### 言葉掛けのコツ!
下の人は上の人に位置を指示しよう

**4** 片足ずつ持ち上げる。上の人は背すじを伸ばす。下の人は持ち上げる際に腕が下がらないよう意識する。

片足ずつ持つ

**言葉掛けのコツ!**
上の人も腹筋に力を入れて、姿勢を保とう

完成

頭からつま先までまっすぐに

正面を向く

**5** 上の人はひじを伸ばし、体を支え、頭から足までまっすぐにする。下の人はひじを伸ばして足首を持ち、手を離さない。

**組体操ワンポイント**

上の人も下の人もともにひじを伸ばし、ひじが曲がらないようにする。ひじが曲がると姿勢が安定しないため、腕をまっすぐ伸ばすよう指導する。

足はそろえて下ろす

手は伸ばしたままにする

**6** 下の人が上の人の足をそろえて体の横に下ろす。上の人は足がついたら上体を足のほうに戻す。

**7** 立ち上がり、**1**のように直立をする。

第1章 組体操の技　2人技　2段腕立て支持

| 2人技 |

# 2段ひざ曲げ仰向け腕立て

ひざ曲げ仰向け腕立てを、上下2段で行う。上に乗る人が、手足を乗せる位置を間違えないよう指導する。

**ポイント**
- 手足を乗せる位置に気をつける。
- 一体感を出す。
- 体は一直線になるよう心掛ける。

（背中／ひじ／ひざ）

**1** 横に並び、直立をする。体格に差がある人同士を組ませるとバランスが取りやすい。

体格に差がある人同士を組ませる

**2** 土台の人が1歩前に出て、横向きに体育座りをする。

1歩前で体育座り

**3** 土台の人がひざ曲げ仰向け腕立ての姿勢になる。

ひざ曲げ仰向け腕立てをする

Close up!

手をそえて、腰骨あたりに浅く座る。土台の人に、体重が一気に掛からないようにする。

手をそえて、体を動かさない

**4** 上の人は手をそえて、土台の人の腰骨あたりに浅く座る。手をそえて体を動かさないようにする。

Close up!

手を肩に乗せると土台の人に負担が掛からない。

座る位置は変えない

片手、片足ずつ乗せる

**5** 手足を片方ずつ乗せる（順番はP21指導のポイント参照）。できるだけ土台の人に負担が掛からないよう、素早く手足を移動させる。

完成

上下とも体は
まっすぐに

上を向く

言葉掛けのコツ！
上の人は肩に乗せる
手の位置に注意しよう

組体操ワンポイント

土台の人がひざを曲げすぎたり、伸ばしすぎたりすると、崩れやすくなってしまう。ひざとかかとを直角にしてから、上の人が乗るようにする。

第1章　組体操の技　2人技　2段ひざ曲げ仰向け腕立て

**6** 土台の人も上の人も背すじを伸ばし、体をまっすぐにする。上を向くと腹筋に力が入り、姿勢を保ちやすい。

手足を乗せた逆の
順番で下りる

**7** 上の人は乗せたのとは逆の順番で手足を下ろし、土台の人から下りる。

最初と同じ位置
に戻る

**8** 立ち上がり、**1**のように直立をする。

### 指導のポイント こんなときはどうする？

#### 乗せる順番をあらかじめ決めておく

上の人が怖くて手足の位置を移動させることができなかった場合、乗る前にあらかじめ手足を乗せる位置を決めておく。赤く示した位置に乗せれば、土台の人は痛くないので、1、2、3、4の順番に乗せていく。

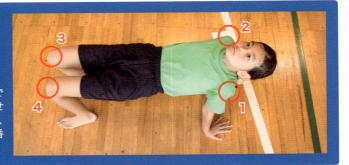

**2人技**

# 長座腕立て支持

長座の姿勢から足を持ち上げて、腕立ての形をつくる。持ち上げる人は上体だけで持ち上げなくてはならないので、力がある人を選ぶ。

**ポイント**

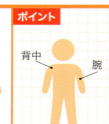

- ▶ 土台の人は足をしっかり持ち上げる。
- ▶ 前の人も土台の人もひじをしっかりと伸ばす。
- ▶ 前の人は腰を上げすぎない。

横向きに体育座りをする

**1** 横向きに体育座りをして、背すじを伸ばす。

片足ずつ肩に乗せる

**2** 土台の人は長座になり、前の人の足を、片足ずつ肩に乗せる。前の人は腕を伸ばし、腕立ての姿勢になる。

**言葉掛けのコツ！**
足を持つ位置に注意して持ち上げよう

Close up!
足首に近いところを持つ。

足をしっかりと持つ

背中をそらす

**完成**

**3** 土台の人は両手を一気に上げる。前の人は背中をそらす。

両足をそろえて下ろす

**4** 土台の人は両足をそろえたまま、体の横にゆっくりと下ろす。立ち上がり、直立をする。

## 2人技

# すべり台

ひざ立ちで足を持ち上げる技。2人の距離で高さが変わるため、間隔は十分注意するよう指導する。

**ポイント**

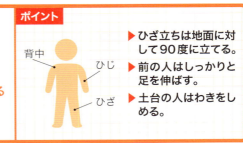

- ひざ立ちは地面に対して90度に立てる。
- 前の人はしっかりと足を伸ばす。
- 土台の人はわきをしめる。

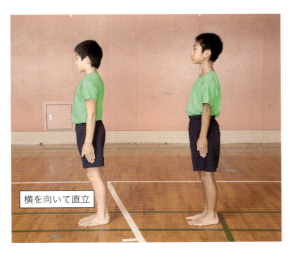

**1** 横を向いて直立をする。一定の間隔をあける。

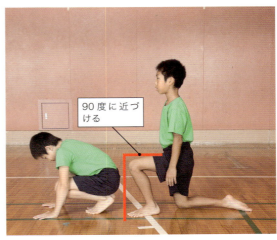

**2** 土台の人はひざ立ちをし、前の人はしゃがむ。2人の間隔は、近づきすぎないようにする。

ひざの近くを持つと、重さが軽減され、持ち上げやすくなる。

**3** 土台の人は前の人の足を、片足ずつ肩に乗せ、腕を前に伸ばす用意をする。前の人は腕立ての姿勢になる。

**言葉掛けのコツ！**
ひざに近いところを持つようにしよう

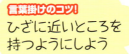

**4** 土台の人は腕を前に伸ばし、体を支える。前の人は、曲線を意識し、すべり台を表現する。立ち上がり、直立をする。

## 2人技

# 補助倒立

2人技の中でも難易度が高く、信頼関係が大切な技のひとつ。補助をする人は集中し、倒立をする人は怖がらずに倒立をするよう指導する。

**ポイント**

- ▶ 倒立の人は、足を素早く振り上げる。
- ▶ 補助の人は足首の近くを持ってやや引き上げる。
- ▶ 倒立の着地は、つま先から行う。

**1** 直立の姿勢で向かい合い、正面を向いてお互いの顔を見る。

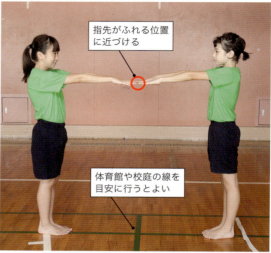

**2** 指先がふれる位置まで体を近づける。その際、体育館や校庭の地面にある線を目安にするとわかりやすい。

**3** 補助の人は2で指先がふれた位置あたりに腕を出す。倒立の人は両手を上げ、振り上げる足を後ろに引き、構える。

**4** 倒立の人は2で指先がふれた位置を目安に、勢いよく地面に手をつく。足は補助の人が構えている方向に、素早く振り上げる。

**言葉掛けのコツ！**
両手をしっかりついてから素早く足を振り上げよう

完成

ひじは伸ばす

目線は手と手の間を見る

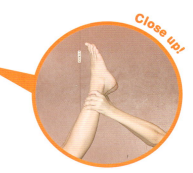

Close up!

足首の近くを持ち、離さないようしっかりとつかむ。

**5** 補助の人は腕を伸ばし、足首の近くをしっかりと持つ。倒立の人は、バランスを崩さないように、手と手の間を見る。

足を前に押し出すようにして離す

片足ずつ下ろす

**6** 補助の人は足を少し前に押し出すように離す。倒立の人は、ゆっくりと片足ずつ下ろす。立ち上がり、直立をする。

組体操ワンポイント

目線は手と手の間

顔を上げ、指をしっかりと開き手と手の間を見る。顔が上がることで、バランスが取りやすくなる。

第1章 組体操の技　2人技　補助倒立

## 指導のポイント こんなときはどうする？

### 横の位置からの補助

正面で倒立を補助できない場合は、横の位置で補助する。下ろすときも、足を支えたまま、ゆっくり下ろすとケガをする危険性が少ない。慣れてきたら、正面から補助を行うようにする。

25

## 2人技

# 肩車

2人技の中では難易度の高い技。土台の人も上に乗る人も、後ろに重心を掛けないよう指導する。

**補助**

**ポイント**
- 上の人は必ず土台の人の頭を持つ。
- 土台の人は上の人のひざをしっかりと持つ。
- 立ち上がるときは、後ろに重心が傾かないようにする。

正面を向く

**1** 横に並び、直立をする。

頭をしっかりと入れる

ひざを持つ

**2** 土台の人は後ろに移動してしゃがみ、上の人の足の間に頭を入れる。その際、ひざをしっかりと持ち、上の人は土台の人の頭を持つ。

Close up!

上の人は足首を土台の人の背中に巻きつける。

頭をしっかりと持つ

**3** 土台の人はゆっくり立ち上がる。その際互いに後ろに重心が傾かないよう注意する。

**完成**

腕は水平に広げる

**4** 土台の人も、上の人も腕を水平に広げ、正面を向く。お互い、支えがなく不安定なので、重心を少しだけ前に傾けるよう意識する。上の人を下ろし、**1**のように直立をする。

## 2人技

# サボテン

補助

肩車から発展させて行う技。組体操では、一般的な技だが、重心の移動が難しいので補助を入れながら指導する。

### ポイント

- 上の人は胸を張る。
- 土台の人はひじを伸ばす。
- 土台の人の太ももあたりにしっかりと乗る。

肩 / 手 / ひざ

正面を向く / ひざを持つ / 頭を持つ

**1** 肩車をして正面を向く。

頭を下げる

**2** 土台の人は腰を落とし、上の人は太ももに足を乗せる。土台の人は頭を下げ、足の間から頭を抜く。

### 言葉掛けのコツ！
頭を抜くときは、後ろに重心を傾けるようにしよう

Close up!

頭をしっかりと下げ、上の人に引っ掛からないようにする。

正面 / 腕は水平に広げる / 完成

**3** 上の人は両腕を広げ、伸ばす。

Close up!

土台の人の太ももに、足をしっかりと乗せる。

両手を同時に離す / 飛び下りる

**4** 土台の人は両手を同時に離す。上の人は、そのタイミングで飛び下りる。掛け声でタイミングを合わせるとよい。下りたら、正面を向き、直立をする。

横 / 胸を張る / ひざを伸ばす / 重心は後ろ / 完成

上の人はしっかりと胸を張り、ひざを伸ばす。土台の人は後ろに重心を傾け、崩れないようバランスを取る。

### 指導のポイント　こんなときはどうする？

**サボテンの補助**

サボテンがうまくできない場合は、補助の人をつけ、上の人の肩を支えて練習し、バランスの感覚を覚えさせる。

第1章 組体操の技　2人技　肩車／サボテン

27

3人技

# 3人扇

3人で行う技の中では、基本的な技。手のジョイントが重要になる。体の大きさやバランスに合わせて、美しく見えるよう指導する。

**ポイント**

腕
ひざ

▶ ひざを伸ばす。
▶ 手のジョイントで扇の形を調整する。
▶ 全体で美しく見えるよう心掛ける。

横に3人並ぶ　　正面を向く

**1** 横に並び、直立をする。

### 組体操ワンポイント

中央の人は足を閉じ、左右の2人はひざを伸ばして足をつける。足の位置が決まることで、一気に扇の形をつくることができる。

片手でバランスを取る　　しっかりとジョイントする

**2** 左右の2人が外側の手を地面につき、もう片方の手を、中央の人とジョイントする。内側の足を中央の人の足に近づける。

**言葉掛けのコツ！**
体の中心線が扇の骨になるようにしよう

### 3つのジョイントで形を調整する!

手

手首

腕

3人扇の形は左右の2人がバランスを取りやすい位置に手のジョイントを調整する。体格、腕の長さによって、手のジョイントで扇の形を調整し、美しく見えるようにする。

完成

3人ともひじ、ひざを伸ばす

足をそろえる

## 3
左右の2人は外側の足をそろえる。その際、ひざ、ひじを伸ばし、足を中央にそろえる。ジョイントしている手は、バランスが取れていれば離れにくい。

左右の2人は中央に近づけた足の下に、外側の足を入れる。

Close up!

第1章 組体操の技　3人技　3人扇

## 4
2と同じ姿勢に戻り、立ち上がる準備をする。

正面を向く

## 5
立ち上がり、1のように直立をする。

### 指導のポイント　こんなときはどうする？

**より美しく見える3人扇の終わり方**

3人扇にはより美しく見える終わり方がある。それは扇を開いたあとに、全員で前に倒れる、というもの。手を前に出し、扇が開いた形そのままに倒れると地面にも美しい扇ができ上がる。扇を行う前に、倒れた状態で足をそろえてお互いの距離感を確認しておくとやりやすい。

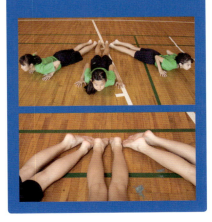

## 3人技 3人サボテン 補助

3人サボテンは、2人で行うサボテンよりも土台が安定する。土台の人の間隔が広がりすぎないように指導する。

**ポイント**
- 背すじを伸ばす。
- 土台の人は腰を落とし、高さを調整する。
- 上の人は怖がらずに胸を張る。

（肩／手／ひざ）

**1** 上の人と土台の人は前後に間隔をあけ、直立をする。
- 正面を向く
- 上の人は後ろ、土台の人は前に

**2** 土台の人は、足を開いて腰を落とし、ひざに手をつき構える。その際、背すじが曲がらないように注意する。
- 手はひざにつく
- 腰を落とす

**3** 上の人は土台の人の肩に手をつき、体を支えながら、太ももあたりに片足ずつ乗る。
- Close up! 足の向きを、太ももに対して垂直にするとバランスが取りやすい。
- 肩に手をつく
- 片足ずつ乗る

土台の人は上の人のひざを包むように持って支える。
- Close up! ひざを包むように持つとしっかり体を支えられる。
- つま先を外側に向ける

正面　胸を張る　完成

3人とも腕を横に広げる

横　完成

**4** 3人とも、腕を横に広げる。上の人は、怖がらずに胸を張る。

土台は2人なので、サボテンほど重心を後ろに傾ける必要はない。

第1章　組体操の技

3人技　3人サボテン

### 組体操ワンポイント

土台の人は、できるだけ上の人が乗る太ももを平らにするよう心掛ける。そのためには、腰を落とし、背すじを伸ばすことを忘れないようにする。

2人の手を同時に離す

両足で飛び下りる

**5** 土台の人は、2人同時に手を離す。上に乗っている人はそれに合わせて、土台から飛び下りる。掛け声でタイミングを合わせると失敗しない。下りたら、3人横並びで正面を向き、直立をする。

### 指導のポイント　こんなときはどうする？

#### 3人サボテンは補助も増やす

上の人が、怖くて手が離せない、バランスを取るのが難しい場合には、補助の人をつけるとよい。2人で肩を支えるようにすれば、落ちる不安が減り、手を離しやすくなる。感覚をつかんだら補助なしで行う。

## 3人技

# 3段バランス

3段になり、お互いの肩で体を支えてバランスを取る。1段目の人に体重が掛かるので、体格がしっかりした人を1段目にする。

**ポイント**
- 肩、腰に手足を乗せる。
- 手をついたら、できるだけ動かないようにする。
- 1段目、2段目の人は手足を乗せやすい形を意識する。

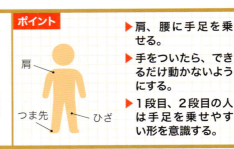
肩 / つま先 / ひざ

**1** 1段目の人を中央にして横に並び、直立をする。（正面を向く）

**2** 1段目の人が馬になり、左右の2人は向き合うように直立をする。（向き合う）

手をつく位置が内側になりすぎたり、外側になりすぎたりすると、安定しない。肩の一番固いところに手をつく。

**3** 2段目の人は、1段目の人の肩に手をつき、正面を向く。（両肩に手をつく）

足を外側に広げすぎると、すべって落ちてしまう。両足で腰に乗るようにする。

**4** 3段目の人は、1段目の人の腰に乗り、2段目の人の肩に手をつく。2段目、3段目の人は、できるだけ動かないようにする。（腰に乗る／手は肩につく）

完成

つま先まで伸ばす

3人とも正面を向く

Close up!

つま先まで伸ばすと、体も自然と伸びる。

言葉掛けのコツ！
バランスを意識しながら、足を伸ばすようにしよう

第1章　組体操の技　3人技　3段バランス

**5** 3人とも正面を向く。上の2人は片足を上げ、つま先までしっかりと伸ばし、バランスを取る。足を上げすぎないように注意する。

組体操ワンポイント

2段目の人は、1段目の人の手と同じ幅に足を広げるとバランスが取りやすい。

片足ずつ下りる

**6** 3段目の人から片足ずつ下りていく。2段目の人が手を離したら、最初の位置に戻り、**1**のように直立をする。

---

指導のポイント　こんなときはどうする？

### やってはいけない手のつき方と乗り方

2段目の人が肩に手をつかずに、背中のほうに手をつくと不安定になる。また、3段目の人が腰ではなく背中のほうに足を乗せても安定せず、崩れやすくなってしまう。必ず肩に手をつき、腰に足を乗せれば、安定した演技ができる。

### 3人技
# 3人すべり台

3人技の中では難易度が高い技。倒立をする人は、体格のバランスを考えて、役割分担をする。

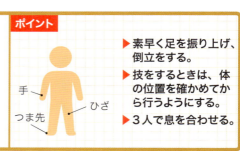

**ポイント**
- 素早く足を振り上げ、倒立をする。
- 技をするときは、体の位置を確かめてから行うようにする。
- 3人で息を合わせる。

**1** 横に並び、直立をする。

**2** 腕立ての人は、中央の人に背を向ける。倒立の人は、中央の人と向き合う。

**言葉掛けのコツ!** 技を行うときは、声を掛け合おう

**3** 腕立ての人は、片足を中央の人の肩に乗せる。倒立の人は、倒立の構えをする。中央の人は、足を受け止めるため、両手を前に出し、構える。

**4** 腕立ての人は、中央の人の肩に、もう片方の足を乗せる。倒立の人は、中央の人の足を目安に手をつき、素早く足を振り上げる。

完成

ひざを伸ばす

ひじを伸ばす

ひざの近くなど、持ちやすいところを持つ。

**5** 中央の人は、両手で倒立の人のひざの近くを持つ。

片足ずつ下ろす

前に押し出す

直立に戻る

**6** 中央の人は、倒立の人の足を押し出すように下ろす。同時に、腕立ての人は、中央の人の肩から片足ずつ下ろす。

**7** 立ち上がり、**1**のように直立をする。

## 指導のポイント こんなときはどうする？

### 体格のバランスに気をつけて

この技では、体格のバランスが何よりも大切。体の大きい人が、小さい人に倒立をするように組み合わせてはいけない。また、片ひざをつきながらの倒立の補助は、立って倒立の補助をするよりも格段に難しいので、部分練習を行う。

第1章 組体操の技　3人技　3人すべり台

## 3人技

# 飛行機

補助

3人の息を合わせることが大切な技。立ち上がるとき、持ち上げる際に高さが出るので、補助をつける。3人の距離感や立ち上がるタイミングに気をつけて指導する。

**ポイント**

腕　背中

▶ 上の人は腕を垂直に伸ばす。
▶ 前後の人は背すじを伸ばす。
▶ 前後の人が広がりすぎないようにする。

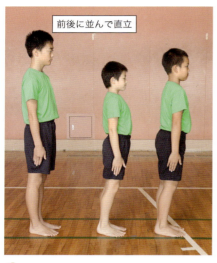

前後に並んで直立

**1** 同じ方向を向き、前後に並んで直立をする。

前後の人が片ひざをつく

**2** 前後の人が片ひざをつく。その際、左右違う足のひざをつくとバランスが取りやすい。

Close up!

全身を両手で支えることになるので、両肩をしっかりとつかむ。

**言葉掛けのコツ！**
前の人は後ろに、後ろの人は前に重心を傾けるようにしよう

両手は肩に

片足ずつ乗せる

垂直にする

同時に立ち上がる

**3** 上の人は、両手で前の人の肩をつかみ、後ろの人の肩に、片足ずつ両足を乗せる。後ろの人は、上の人のひざの下あたりを持つ。

**4** 上の人が両足を乗せたら前後の人は、同時に立ち上がる。立ち上がるときは、前の人は後方に、後ろの人は前方に重心を傾けて立ち上がる。

第1章 組体操の技　3人技　飛行機

横

完成

3人とも正面を向く

前後に広がらないようにする

Close up!

ひざの近くを持つと持ち上げやすく、上の人の体も美しく見える。

**5** 前の人は腕を横に広げ、後ろの人は、上の人を持ち上げる。3人とも正面を向き、前後に広がりすぎないようにする。

正面

完成

両腕をまっすぐに広げる

胸を張る

上の人は、腕を垂直にしっかりと伸ばす。前の人は、腕を水平に広げ、胸を張る。

片足ずつ下ろす

**6** 前後の人がひざ立ちになる。上の人は、片足ずつ足を下ろす。立ち上がり、正面を向いて直立をする。

---

**指導のポイント こんなときはどうする?**

### 補助つきで練習を行い、完成形をイメージする

組体操では定番の技、飛行機。高さがある技なので、失敗しないよう補助つきで練習を行う。補助の人が中央から持ち上げることで、完成形をイメージさせる。また、右の写真のように、広がりすぎると非常に危険なので、立ち上がる前に必ず距離感を確かめる練習をする。

腕が伸びきって体を支えられない

> 4人技

# 騎馬

4人技の中でも行いやすい技のひとつ。前後の人とのジョイントがしっかりできていれば、体格の違いもあまり気にしなくてよい。

### ポイント

- ▶ 足を乗せやすいジョイントを意識する。
- ▶ 前後左右の間隔を合わせる。
- ▶ 後ろの土台の人は腕を交差させる。

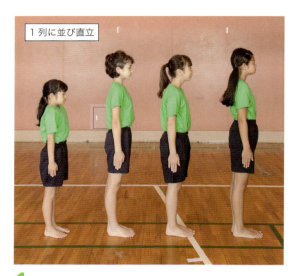

1列に並び直立

**1** 正面に向かって1列に並ぶ。

騎馬の形に広がる / 正面 / 片ひざをつく

**2** 騎馬の形に広がる。前の土台の人は片ひざをつく。

Close up! 後ろの土台の人が腕を交差させて前の土台の人の肩に乗せる。

肩に手を乗せる / 指をジョイントさせる

**3** 後ろの土台の2人は内側の腕を交差させて、前の土台の人の肩に乗せる。外側の手を、前の土台の人の指とジョイントさせる。

Close up! 上の人は、ジョイント部分に足の中央を乗せる。

手を乗せる / ジョイントの中央に乗る

**4** 上の人は、土台の人がジョイントした手から上に乗る。足を乗せるときは、前の土台の人の肩に手を乗せ、支えにする。

## 5

上の人は後ろの土台の人が交差させた腕をまたぎ、ジョイントの中央に足を乗せる。土台の3人は同時に立ち上がる。上の人は、前の土台の人の肩に両手をつき、体を支える。

肩に手をつく

### 組体操ワンポイント

後ろの人が先に立ち上がろうとすると、前の人に上の人の体重が掛かってしまう。同時に立つようにする。

第1章 組体操の技　4人技　騎馬

## 6

4人とも正面を向く。ジョイントが緩んでしまわないように体を近づける。上の人は両腕を水平に広げる。

横　正面を向く　完成

正面　完成

土台の3人は体を近づけ、離れないようにする。

同時にしゃがむ　肩に手をつく

## 7
上の人は、前の土台の人の肩に手をつく。土台の3人は同時に、ゆっくりとしゃがむ。

ジョイントを離す

## 8
土台の3人は、手が地面についたらジョイントを離し、上の人は足を下ろす。立ち上がり、1のように直立をする。

39

## 4人技

# 4人タワー

補助

3人が土台になり、2段のタワーをつくる。高さがある技なので、補助の人を必ずつけるようにする。

**ポイント**

腕／手／ひざ

- 1段目の人は体をできるだけ近づける。
- 正面の向きを考えて1段目をつくる。
- 2段目の人は1段目の人の頭を持ち、体を支える。

前後に2列で直立

**1** 1段目の人を前に、2段目の人を後ろにして、前後2列に分かれて直立をする。

片ひざをつく

手を組むジョイント

**2** 1段目の3人が手を組むジョイントをして片ひざをつく。できるだけ体を近づけ、離れないようにする。

頭を持つ

首元に乗る

**3** 2段目の人は、片足ずつ左右の1段目の人の首元に乗る。上に乗ったら、正面の1段目の人の頭を持つ。

**Close up!**

上に乗るときは、必ず首元に乗る。立ち上がるときも安定する。

### 組体操ワンポイント

1段目の人の手を組むジョイントには土俵の俵のような役割がある。お互いの腕を重ねることですべり止めができ、2段目の人が足をすべらせても引っ掛けられる。これにより、落ちる危険性が軽減される。

**言葉掛けのコツ！**
立ち上がるときは、「1、2、3、4、5」の掛け声でタイミングを合わせよう

第1章 組体操の技 ／ 4人技 ／ 4人タワー

1段目の人が立ち上がる

**4** 1段目の人は、バランスを崩さないよう声を掛けながら同時に立ち上がる。2段目の人は、後ろに倒れることがないように前に重心を傾ける。

完成／両腕を横に広げる

**5** 2段目の人も、声を掛けながら立ち上がり、両腕を横に広げ、正面を向く。

声を出す／2段目の人がしゃがむ

**6** 2段目の人は、両腕を閉じてしゃがむ。その際、1段目の人にしゃがんでいることを伝えるため、立つときと同じように声を掛ける。

1段目の人が片ひざをつく

**7** 2段目の人がしゃがんだら、1段目の人も声を出しながら、同時に片ひざをつく。1段目の人が動き終わったのを確認したら、2段目の人は片足ずつ下り、1段目の人が立ち上がったら、**1**のように直立をする。

### 指導のポイント こんなときはどうする？

#### タワーは向きとタイミングで決まる

タワーは正面の向きと立ち上がるタイミングが非常に重要。1段目の頭を持たれる人を正面に配置する。また、立ち上がる際には必ず「1、2、3、4、5」と掛け声を掛ける。右の写真のように、1人だけ先に立ち上がってしまうといったような危険性がなくなる。

4人技 補助

# 4人飛行機

上の人の全身を持ち上げる技。土台の人がまっすぐ上に持ち上げないと、上の人はバランスが取りづらくなる。土台の人と上の人の息をしっかりと合わせるよう指導する。

**ポイント**

腕　背中

▶ 土台の人は同時に持ち上げる。
▶ 土台の人は両腕をしっかりと広げる。
▶ 土台の人は上の人のわきを支える。

正面　前後に直立

**1** 前に3人、後ろに1人、2列に分かれて直立をする。

片ひざをつく

**2** 前の土台の2人が片ひざをつく。

Close up!
土台の人の首に巻きつけるように肩を組む。
後ろの土台の人が足を持つ　肩を組む

**3** 前の土台の2人と上の人が肩を組む。後ろの土台の人は、上の人の両足を持ち、肩に乗せる。

正面

肩を組み、わきを支える。上の人の手は包むように持つ。

横

後ろの土台の人は上の人の体勢が楽になるよう、ひざ近くを持つ。

**4** 土台の3人は同時に立ち上がる。立ち上がる際には前後で体が離れすぎないよう注意する。

**5** 上の人を持ち上げる。前の土台の2人は、腕をしっかりと伸ばす。後ろの土台の人は、上の人の体勢が維持しやすいよう高さを調整して持ち上げる。

土台の人は背すじを伸ばす

完成

腕を伸ばす

足を開く

上の人を持ち上げるときは、足を少し開き、体を安定させる。

Close up!

**6** 土台の3人は同時に片ひざをつく。後ろの土台の人は、上の人の足を片足ずつ下ろす。立ち上がり、**1** のように直立をする。

### 指導のポイント こんなときはどうする?

#### 持ち方に気をつける

上の写真のように、後ろの土台の人が、ひざの下のほうを持ってしまうと上の人がバランスを取りづらい。下の写真のように、ひざの近くを持つようにすれば、持ち上げやすく、バランスも取りやすい。

第1章 組体操の技　4人技　4人飛行機

> 4人技

# トーテムポール

4人が積み重なり、トーテムポールのように顔が並んで見える技。体格に合わせて手のつく位置を調整する。

**ポイント**

腕　肩

▶ 手のつく位置は体格のバランスを見ながら微調整する。
▶ 完成で正面を向き、体をまっすぐにする。
▶ 上の人は、土台の上に乗ったら動かないようにする。

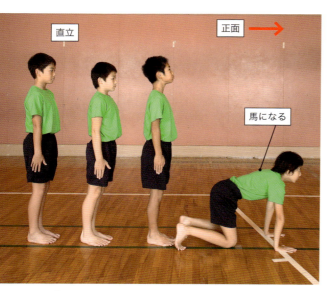

直立　正面→　馬になる

**1** 正面に向かって1列に直立をし、前の人が馬になる。

肩に手をつき、ひじを伸ばす。肩の内側に入りすぎないようにする。

Close up!

肩に手をつく　足を開く

**2** 2人目は、前の人の肩に手をつき、足を開く。

頭を足の間に入れる　手を外側に広げる

**3** 3人目が馬になる。2人目の足の間に頭を入れて手を広げ、2人目の足より外側に手をつく。

**組体操ワンポイント**

足の間に頭を入れるときは、必ず首元まで入れるようにする。前の人と体が離れてしまう心配がなく、上に乗る人も手や足を乗せやすくなる。

第1章 組体操の技 ／ 4人技 トーテムポール

**横** 完成

正面を向く

肩に足を乗せる

**正面** 完成

縦に顔が並ぶ

4 上の人は、肩に手と足を乗せる。乗ったら体はできるだけ動かさないようにして、正面を向く。

正面から見るとトーテムポールのように顔が縦に並ぶ。体を左右に動かさず、まっすぐにする。

**言葉掛けのコツ！**
土台は背中がまっすぐになることを意識しよう

**指導のポイント　こんなときはどうする？**

### トーテムポールは手の位置に注意

この技は、手の位置を体格によって調整することがポイントになる。写真のように肩ではなく、腰に乗せることでバランスがよくなる場合は、位置を動かしても構わない。

片足ずつ下りる

5 上の人から片足ずつ下りる。順番に立ち上がり、直立をする。

> **5人技**
>
> # 5人扇
>
> 3人扇とはジョイントの方法が異なる。身長や体格のバランス、技の形を見て適切なジョイントを指導する。

**ポイント**

- ひじ、ひざはしっかりと伸ばす。
- ジョイントは技の形やバランスによって変える。
- 完成は横に広がるイメージを意識する。

正面を向く

**1** 横に並び、直立をする。

肩を組むジョイント　　手首をつかむジョイント

**2** 外側の2人が中央の3人と間隔をあけ、手首をつかむジョイントをする。中央の3人は体を密着させ、肩を組むジョイントをする。

**Close up!**

基本的には手首をつかむジョイントだが、扇の見え方によりジョイントの形を調整する。

技を決める位置に手をつく

片足は中央に近づける

**3** 外側の2人は、ジョイントしていないほうの手を地面につき、完成したときの位置を決める。内側の足を中央に近づけ、足の位置を決める。

**言葉掛けのコツ!**
前後に体が傾かないようにしよう

**組体操ワンポイント**

扇の軸となる中央の人は、広げた足の間隔で扇の形を調整する。

完成

胸を張る

ひじ、ひざを伸ばす

Close up!

肩を組むジョイントで体を密着させる。中央の人は左右の人を引っ張り、形が崩れないようにする。

**4**
5人ともひじ、ひざを伸ばし胸を張る。中央の3人は胸を張る。

第1章 組体操の技 5人技 5人扇

**5** 立ち上がり、1のように直立をする。

### 組体操ワンポイント

3人扇のときと同じように、前に倒れることでより美しく技を終えることができる。前に倒れるので、ケガをしないよう、手で受け身を取る。

---

**指導のポイント こんなときはどうする？**

### 5人扇は並び方が重要

5人扇は並び方が美しく見えるかがポイント。中央から外側に向かって、段々と背が低くなるように並ぶと美しい扇ができる。写真のように、並び方がちぐはぐだと、最初から美しく見えないので注意する。

5人技 　補助

# 5人サボテン

3人で2人を支えるサボテン。中央の土台の人には、体重が掛かるため、体格のよい人を選ぶ。ウォール技としても応用できる。

**ポイント**

肩／手／ひざ

▶ 上の人は、つま先を外側に向けるようにする。
▶ 土台の人は、腰を落とし、上の人が乗りやすいようにする。

土台、上に乗る人が、前後に並び直立

**1** 土台の人が前に、上に乗る人が後ろに2列に分かれて横に並び、直立をする。

両手をひざにつく／腰を落とす

**2** 土台の人は、腰を落とし足を開いて両手をひざにつく。できるだけ太ももを地面と平行にして、上の人が乗りやすいようにする。

**言葉掛けのコツ！**
できるだけ太ももの近くに乗ろう

肩に手を掛ける／片足ずつ乗る

**3** 上の人は、土台の人の太ももの近くに片足ずつ乗せる。その際、土台の人の肩に手をつくと乗りやすい。

**Close up!** ひざを包むように持つと安定し、上の人が手を離しやすくなる。

ひざを持つ／つま先は外側に向ける

上の人は、つま先を外側に向けて土台の人に乗り、土台の人は上の人のひざを包むように持つ。

**完成**

手を合わせる

中央の土台の人には、体重が多く掛かるので、体格のよい人を選ぶ。

**4** 上の人は、内側の手を合わせ、外側の腕を横に広げる。外側の土台の人も腕を横に広げる。

第1章 組体操の技　5人技　5人サボテン

前に飛び下りる

同時に手を離す

**5** 土台の3人は、ひざを持っている手を同時に離す。上の人は、土台の人の肩に手をついたまま、飛び下りる。

前後に分かれて直立

**6** 下りたら、1のように直立をする。

> **指導のポイント　こんなときはどうする？**
>
> **土台の安定感は足の開き方次第**
>
> 土台の足の開き方が上の写真のようにバラバラだと、高さと間隔に違いが出て安定しない。体育館の線を目安にして、足の前後と開き方を合わせるようにする。合わせたら、補助をつけて技を行い、土台の安定感を確認する。
>
>
>
>

補助

5人技

# 5人やぐら

5人で行う大技のひとつ。高さが出るため、必ず補助をつける。できるだけ土台が近づくよう指導する。

### ポイント

- ▶ 1段目の人はお尻を近づける。
- ▶ 2段目の人は背中をまっすぐにして乗りやすい足場をつくる。

横1列に並び、直立

**1** 横に並び、直立をする。

お尻を近づける / 足を互い違いにする

**2** 1段目の2人が背を向けて馬になる。足を互い違いにして、お尻を近づける。

肩に手をつく / お尻を合わせる

**3** 2段目の2人が、1段目の人をまたいで肩に両手をつき、お尻を合わせる。

**言葉掛けのコツ!**
足場をしっかりと確かめてゆっくり乗ろう

肩に手を乗せる

**4** 3段目の人は、2段目の人の肩に手をつき、1段目の人の腰に片足を乗せる。

乗る場所をしっかりと見る / 腰に足を乗せる

3段目の人は、2段目の人の腰に乗る。2段目の人は、できるだけお尻が離れないようにする。

**完成**

正面を向く

両腕を水平に広げる

つま先を外側に向け、バランスを取る。

**5** 3段目の人は、バランスを取りながらゆっくりと立ち上がり、両腕を水平に広げる。全員顔を上げ、前を向く。

**6** 3段目の人は、2段目の人から下りたら、直立をする。2段目、1段目の人も順番に元に戻る。

**7** 1段目の人が立ち上がったら、**1**のように直立をする。

---

**指導のポイント　こんなときはどうする?**

### 5人やぐらは土台が鍵

5人やぐらは高さが出る技。左の写真のように体が離れてしまうと落ちやすくなってしまうので、1段目、2段目の人はお尻をできるだけ近づける。3段目の人が上に乗るときは、1段目の人の腰を踏み台にする。

第1章　組体操の技　5人技　5人やぐら

> 5人技

# 自由の女神

補助

馬を組み合わせた5人技。上に乗る人は、1人の人を土台にするため、バランス感覚のよい人を選ぶ。

**ポイント**

肩
腰

- ▶ 2段目の人は、上体を倒して、上に乗りやすい形をつくる。
- ▶ 1段目の人は、腕を交差させない。
- ▶ 手足を乗せる位置は事前に決める。

横に並び直立

**1** 横に並び、直立をする。

### 組体操ワンポイント

1段目の人は、体を密着させてコンパクトにする必要がないので、腕は交差させない。

横

馬になる

ひじは伸ばす

**2** 1段目の2人が馬になる。ひじを伸ばし、正面を向く。

正面

腕・足は肩幅に開く

腕は交差させない

腕を交差させずに、肩幅に開く。足も同様に肩幅に開く。

外側の肩に手をつく

足を開く

1段目の人の外側の肩に手をつくことで、上体を前に倒すことができる。

**3** 2段目の人は、1段目の人の外側の肩に手をつく。上体を前に倒し、背中をできるだけ水平にする。

肩に手を乗せる

片足ずつ乗る

**組体操ワンポイント**

2段目の人は肩に手をつき、3段目の人は腰に乗る。手足を肩と腰に乗せると、1段目の人の負担も少なく、安定する。

**4** 3段目の人は、2段目の人の肩に手を乗せ、1段目の人の腰に片足ずつ乗る。

**言葉掛けのコツ!**
土台の人は、できるだけ固定した姿勢を意識しよう

ひじ、ひざを伸ばす

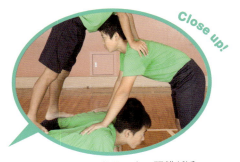

1段目の人と2段目の人の距離が近すぎると、上体が起き上がり、上に乗りづらい。一定の距離を保つ。

**5** ひじ、ひざをしっかりと伸ばす。3段目の人も、水平近くまで上体を倒し、背中をまっすぐにする。

第1章 組体操の技　5人技　自由の女神

53

2段目、3段目の人の背中も利用する

1段目の人に足を乗せる

できるだけ、腰に近い位置に足を乗せるようにする。

**6** 上の人は、1段目の人の背中を利用して、2段目の人に乗る。その際、2段目、3段目の人の背中も利用する。

肩に手をつき、バランスを取る

上の人はバランスが取りやすいように足の位置を調整する。腰の近くに乗ると、安定する。

**7** 上の人は3段目の人の肩に手をつき、バランスを取る。足の位置を調整する。

横　　完成

正面を向く

ひじ、ひざを伸ばす

**8** 全員で前を向く。上の人は両腕を横に広げ、ひざをしっかりと伸ばす。

正面　　完成

両腕を水平に広げる

両腕を水平に広げ、指先まで伸ばす。体がまっすぐになるようにする。

9 上の人は、上に乗ったときと同様に、1段目の人の背中を利用して片足ずつ下りる。

10 3段目の人は、2段目の人の肩に手をついたまま、片足ずつ下りる。

11 2段目の人は、肩についていた手を離す。正面を向き、1段目の人も立ち上がる。

12 1段目の人が立ち上がったら、1のように直立をする。

### 指導のポイント　こんなときはどうする?

**不安定な足場でバランスを取る練習**

上に乗った際に、バランスがうまく取れず、手が離せない。その場合は、とび箱や平均台の上など、不安定な足場でバランスを取る練習をする。何回か行い、慣れてきたら補助をつけて技に挑戦する。

5人技

# エレベーター

上の人が、前後に倒れる危険性があるので、ジョイント、バランスの取り方をしっかりと指導する。

**ポイント**

手 / ひざ

- 土台の人は外側の手をしっかりとジョイントする。
- 上の人は、しっかりとバランスを取る。
- 土台の人の間隔は広がりすぎない。

土台の人が前後に、上に乗る人が中央に直立

**1** 完成したときの形に広がり、前後で直立をする。

指をジョイントさせる

片ひざをつく

**2** 土台の人は、片ひざをつく。向かい合った人と指をジョイントさせる。

Close up!
騎馬のときと同じように、指をしっかりとジョイントする。落ちないよう、すき間をなくす。

**言葉掛けのコツ！**
上の人は、完成まで肩から手を離さないようにしましょう

肩に両手を乗せる

**3** 上の人は、足をジョイントの中央にしっかりと乗せる。土台の人は、もう片方の手でひざを持つ。

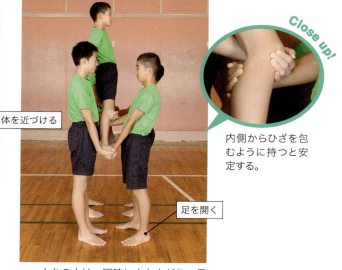

体を近づける

足を開く

Close up!
内側からひざを包むように持つと安定する。

**4** 土台の人は、同時に立ち上がり、足を開く。体を近づけ、離れないようにする。

正面

両腕を水平に広げる

完成

**5** 上の人は、両腕を水平に広げる。土台の人は、横に広がらないように注意する。

横

背すじを伸ばす

完成

土台の人は、上の人がバランスを取りやすいように背すじを伸ばし、体を密着させる。

第1章 組体操の技　5人技　エレベーター

同時に下ろす

下ろしたらジョイントを離す

**6** 土台の人は、同時にしゃがみ、下に手がついたら、組んでいたジョイントを離す。

前後に分かれて直立

**7** 立ち上がり、1のように直立をする。

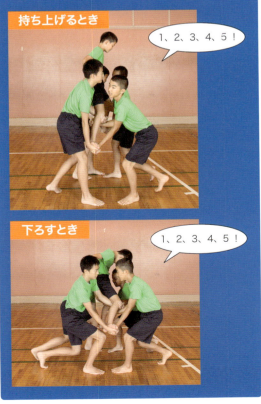

**指導のポイント　こんなときはどうする？**

**何よりも土台の息を合わせる**

この技は、土台の息が合わないと、上の人が落ちてしまう危険性がある。立ち上がるとき、下ろすときは声を出すようにして、土台の人の体が離れてしまわないようにする。

持ち上げるとき

1、2、3、4、5！

下ろすとき

1、2、3、4、5！

57

## 5人技

# 滝つぼ

2人が土台となり、その上で倒立を行う、滝つぼをイメージした技。足の持つ位置、手の置きどころを重点的に指導する。

### ポイント

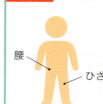

腰
ひざ

- ▶持ち手の人は足の持ち方を左右合わせる。
- ▶倒立の人は顔を上げる。
- ▶倒立の人は土台の人の腰に両手をつく。

横に並び直立

**1** 横に並び、直立をする。

持ち手の人は向かい合う

土台の人は馬になる

**2** 土台の2人は、腕を交差させずに馬になる。持ち手の人は向かい合う。

Close up!

両手を腰に乗せ、倒立の前の体勢を取る。腰に手を乗せることで、体重を掛けることができる。

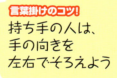

言葉掛けのコツ！
持ち手の人は、手の向きを左右でそろえよう

腰に手をつく

**3** 倒立の人は、土台の人の腰に手をつく。

横

左右の持ち方を合わせる

ひざと足首の近くを持つ

**4** 持ち手の人は、倒立をする人のひざと足首の近くを持つ。持ち方を左右合わせる。

完成

手は高く上げすぎない

顔を上げる

Close up!

持ち手の人は、片方の手でひざを持ち、もう片方の手で足首の近くを持つ。このように持つことで、足がまっすぐ伸びる。

**5** 持ち手の人は、同時に足を上げる。全員正面を向く。

同時に下ろす

**6** 持ち手の人は、同時に足を下ろす。倒立の人は、足が下ろされるまで、両手で体を支える。

**7** 立ち上がり、**1**のように直立をする。

### 指導のポイント こんなときはどうする？

#### 持ち手は同じ持ち方を

上の写真のように、足の持ち方がバラバラだと美しく見えない。見た目だけでなく、倒立をしている人の姿勢も安定せず、負担が増してしまう。また、土台が離れすぎると腕に力が入らず、落ちてしまう危険性があるため、できるだけ体を近づける。

第1章 組体操の技　5人技　滝つぼ

## 6人技
# 2重扇

3人扇を十字に重ね、立体感を出した技。足の位置、体の向きがポイントとなる。美しく見える、適切な位置を指導する。

**ポイント**

腕
ひざ

- ▶ 中央の人は体を十字に交差させる。
- ▶ 手のジョイントは全体の形を見て調整する。
- ▶ 外側の人は、中央に寄せた足が重ならないようにする。

前後に3人横に並び、直立をする

**1** 前後に3人2列に分かれて横に並び、直立をする。

足を開く

前の3人が、扇の準備をする

**2** 前の3人は扇の準備をする。後ろの3人は直立を続ける。

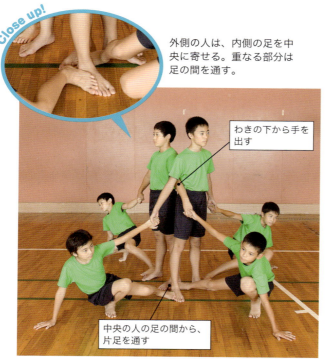

Close up!

外側の人は、内側の足を中央に寄せる。重なる部分は足の間を通す。

わきの下から手を出す

中央の人の足の間から、片足を通す

**3** 次の扇の中央の人が、前の中央の人のわきの下から手を出し、扇の準備をする。

**言葉掛けのコツ!**
扇の交差する直線が垂直になるようにしよう

**組体操ワンポイント**

中央の2人の体の向きを直角にすることで、立体的で美しい扇ができる。手のジョイントは、体の大きさやバランスによって変える。

できるだけ体をまっすぐにする　正面を向く

完成

**Close up!**
外側の足を下に入れ、ひざをできるだけ伸ばす。

第1章 組体操の技　6人技　2重扇

**4** 足をそろえて、正面を向く。できるだけ体をまっすぐにする。

**5** 立ち上がり、**1**のように直立をする。

### 指導のポイント こんなときはどうする？

**足の位置で形を調整**

足の位置が重要になる2重扇。準備の体勢の際に足の位置が定まらないと、形がいびつになってしまう。必ず足は中央の人の外側につけるようにする。

足が中央の人の後ろ

足が中央の人の前

### 組体操ワンポイント

ほかの扇と同様に倒れる終わり方がある。十字扇では外側の人だけ、自分の横に倒れるようにする。

> 6人技

# 星

6人の腕立てで、星の形を表現する技。上から見て星の形になることを意識する。

**ポイント**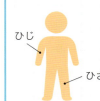
- 組む人の体格は合わせる。
- 6人の間隔はそろえる。
- 完成したときは体をまっすぐにする。

横に並び直立

**1** 横に並び、直立をする。

円形に移動する

3人が向かい合い、3人が外側を向く

**2** 円形に移動し、3人は内側を向いて向かい合い、3人は外側を向く。

向かい合う3人が腕立て

**3** 向かい合う3人が、中心に向かって腕立ての姿勢になる。

Close up!

肩の痛くないところに片足を乗せる。

外側を向く3人が、片足ずつ肩に乗せる

**4** 外側を向いた3人が、腕立ての姿勢になり、向かい合う3人の肩に片足ずつ乗せる。

前を向く

完成

ひじ、ひざ、体を まっすぐにする

**言葉掛けのコツ!**
足の開き具合を そろえるように 意識しよう

## 5
互いの足がぶつからないように両足を乗せたら、顔を上げ前を向く。ひじ、ひざ、体をまっすぐにする。

片足ずつ下ろす

## 6
片足ずつ下ろし、立ち上がったら **2** の形に並ぶ。

## 7
**1** のように直立をする。

**指導のポイント こんなときはどうする?**

### 体格が大きい人が土台をするべき

難易度は高くない技だが、油断せず、体格が大きい人に土台をやらせるようにする。写真のように、体格が小さい人が土台だと、足が乗せにくく、崩れやすくなってしまう。

第1章 組体操の技　6人技　星

63

6人技

# つり橋

補助倒立と肩車を組み合わせたコンビネーション技。ピラミッドやタワーの横で飾りとして行うのに適している。

**ポイント**
- 肩
- 手
- ひざ
- つま先

▶ 中央の土台の人は腕を広げ、両側の人の肩に手を乗せる。
▶ 補助倒立と肩車は間隔を保つ。
▶ それぞれの技のタイミングは、合わなくてもよい。

**1** 横に並び、直立をする。

横に並び直立

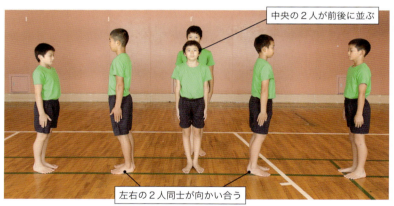

**2** 外側の4人が向かい合う。中央の2人は、前後に並ぶ。

中央の2人が前後に並ぶ

左右の2人同士が向かい合う

足の付け根までしっかりと首元に入れる。

Close up!

指先がふれるくらいの位置

肩車の準備をする

**3** 中央の人が、肩車の準備をする。このとき、左右の人との間隔を調整する。外側の4人は、両手を前に出し、指先がふれるくらいの位置に間隔を調整する。

補助倒立をする外側の4人は、間隔を決めたらできるだけ動かないようにする。微調整する場合は、倒立の人が動くようにする。

**4** 中央の人は肩車をする。外側の2人は、倒立の準備をする。

倒立はなるべく合図に合わせよう

**5** 倒立の人は地面に手をつき、素早く足を振り上げる。

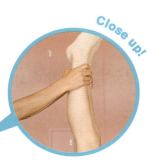

足首の近くを持つ

足首の近くを持つと支えやすい。

**6** 外側の4人は、足首の近くを持ち、腕を伸ばす。

補助の人の肩に手を乗せてつり橋の形をつくる。無理に手を乗せなくてもよい。

両腕を水平に広げる

**完成**

**7** 肩車の2人は、両腕を水平に広げる。土台の人は補助の人の肩に手を乗せる。

手を元に戻す

補助をしている手を離す

足を前に押し出すように、手を離す。

**8** 補助の人は手を離し、倒立の人は片足ずつ下ろす。肩車の2人は、手を元に戻す。

直立をする

**9** 中央の人は肩車を下ろし、**2**の位置に戻る。

**10** **1**のように直立をする。

## 指導のポイント こんなときはどうする？

### 手を乗せるのは距離感が合うときだけ

肩車の土台の人が腕を広げる際に、補助の人が離れていたり近すぎたら、無理に手を肩に乗せる必要はない。無理に乗せようとすると、バランスが崩れケガをしやすくなってしまうだけでなく、技の形も悪くなってしまう。

第1章 組体操の技　6人技　つり橋

67

6人技

# 6人ピラミッド

補助

6人で行う3段のピラミッド。組体操では、よく行われる一般的な技。3段目の人は素早く乗り、土台の人は不安定にならないよう指導する。

**ポイント**

肩
手
ひざ

- ▶ 土台の人は体が内側に密着するよう意識する。
- ▶ 土台の人は体を動かさない。
- ▶ 3段目の人は上に乗る際に、素早い動きを心掛ける。

正面を向く　　横に並び直立

**1** 横に並び、直立をする。

前後に並ぶ

**2** 前に3人、中央に2人、後ろに1人と、ピラミッドの形に移動する。

Close up!

腕を交差させ、体を密着させる。体が離れると、2段目の人も安定しない。

1段目の人が馬になる

ひざをそろえる

**3** 1段目の3人が馬になり、ひざをそろえる。

### 組体操ワンポイント

1段目の人が馬になったら、2段目の人は、どの位置に手、ひざをつくか事前に決めておく。赤い丸がついている肩や、腰の位置であれば、1段目の人の負担が軽減され、安定する。

2段目の人が馬になる

腰や肩のあたりに手とひざを乗せる。安定する位置に調整する。

## 4

2段目の人は、1段目の人の肩と腰に手足を乗せる。このとき腕は、1段目の人と同様に交差させる。手足の位置を決めたら動かさない。

1段目の人に足を乗せる

1段目の人の背中にできるだけ乗らないように、腰あたりを踏み台にして上に上がる。

## 5

1段目の人の腰あたりに足を乗せ、上に上がる。その際、2段目の人の肩に手を乗せ、素早く上がるようにする。

2段目の人に乗る

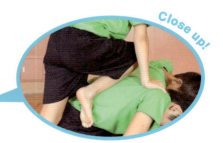

2段目の人の肩に手をつき、ひざを腰あたりに乗せる。形が崩れないよう2段目の人は、内側に体を寄せる。

## 6

2段目の人の肩に手をつき、腰あたりにひざから乗る。

## 7 完成

1段目、2段目の人は、ピラミッドの中心を意識して体を密着させる。肩が下がらないようにして、指先を正面に向ける。

- 正面
- 手、足を開きすぎない
- ピラミッドの中心を意識する
- 指先を正面に向ける
- 横
- 肩が下がらないように意識する

---

### 立ち上がるピラミッド

3段目の人が最後に立ち上がるピラミッド。足場が不安定な土台で立ち上がるので、難易度は高くなるが、見映えがよくなる。技を行う人のレベルを考えて、行うようにする。

バランスを取りながら、焦らずに立ち上がる。練習では、補助をつけて安全に行う。

3段目の人は、立ち上がったら両腕を横に広げる。ひざはまっすぐ伸ばさなくてもよい。

1段目の人に足を乗せ、下りる

**言葉掛けのコツ！**
ゆっくり落ち着いて下りるようにしよう

**8** 3段目の人は上がったときと同じように、1段目の人に足を乗せ、下りる。

2段目の土台の人が後ろに下りる

**9** 2段目の人は後ろに下りる。1段目の人の足を踏まないように気をつける。

**10** 1段目の人が立ち上がったら、**2**のように直立をする。

### 指導のポイント　こんなときはどうする？

**正面からではなく後ろからも確認**

体が離れているとすき間ができ、そこから崩れてしまう。正面から見て体が離れていないように見えても、後ろから見ると体が離れてすき間ができていることがある。そのため、必ず腕を交差させて、正面から見ても後ろから見てもすき間がない土台になるよう指導する。

**6人技**

# 高速ピラミッド

**補助**

6人が同時に動き、組み上げるピラミッド。起き上がるタイミングや手、足の置く位置がポイントになる。

**ポイント**

肩　手

▶ 準備の体勢は低く構える。
▶ 3段目の人は飛び乗るようにする。
▶ 完成と準備を繰り返し行うこともできる。

前後に並び、直立をする

**1** ピラミッドの要領で、直立をする。

前の3人が手を伸ばし、伏せの体勢をする

**2** 1段目の3人が、手を伸ばし、体を前に曲げ、伏せる。1回の笛で**4**まで準備する。

**言葉掛けのコツ!**
できるだけ低く構えるようにしよう

2段目の2人が手をつき、片ひざをつく

**3** 2段目の2人が、1段目の3人の腰のあたりに腕を交差させて手をつき、片ひざをつく。

3段目の人が、2段目の人の肩に手を乗せ、片ひざをつく

**4** 3段目の人が、2段目の2人の肩に手を乗せ、片ひざをつく。

3段目の人が飛び乗る

同時に起き上がる

**5** 6人が同時に起き上がる。3段目の人は、起き上がるとき、2段目の人に飛び乗る。

> **指導のポイント　こんなときはどうする？**
>
> **勢いよく飛び乗れないときは**
> このピラミッドで難しい動きが、3段目の人が飛び乗る動作。うまくいかない場合は、補助の人をつけ、飛び乗る感覚を覚えさせる。また、とび箱に飛び乗る練習も効果的。

**6** 2段目の人は、しっかりと手を伸ばし、1段目の人は、背中をまっすぐにする。3段目の人は、2段目の人の腰のあたりに両ひざを乗せる。

横

腰のあたりに手を乗せ、しっかりと伸ばす

完成　背中をまっすぐにする

正面

2段目の人は、腕をしっかりと交差させる

正面を向く

1段目の人は、腕を交差しなくてもよい

完成

6人がしっかりと正面を向く。1段目の人は、起きやすいように腕を交差させなくてもよい。

元の体勢に戻る

飛び下りる

**7** 元の体勢に戻る。3段目の人は、飛び下りるようにして戻る。立ち上がり、**1**のように直立をする。

## 6人技　大トーテムポール　補助

4人技のトーテムポールに2人を加え、高さを出した技。必ず補助の人をつけ、手と足を乗せるところを確認し、左右前後に体がぶれないように指導する。

**ポイント**

肩　腕

- 高さのある技なので、必ず補助の人をつけ指導する。
- 左右前後に体がぶれないようにする。
- 手足をしっかりと伸ばす。

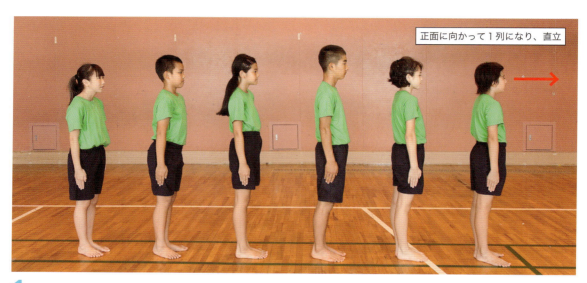

正面に向かって1列になり、直立

**1** 正面に向かって1列になり、直立をする。

1人目が馬になる

**2** 1人目が馬になる。腕、背中をまっすぐにする。

Close up!
肩に手をつき、まっすぐに伸ばす。手が落ちないよう内側を意識する。

2人目が、肩に手をつく

足を開く

**3** 2人目が、土台の人の肩に手をつき、背中をまっすぐにする。土台の人の足の外側まで足を開く。

頭を足の間に入れると、土台の位置が離れず、安定する。

頭を足の間に入れる

手を前に出しすぎない

## 4
3人目が前の人の足の間に頭を入れる。手が前に出すぎて、不安定にならないように気をつける。

肩に手と足を乗せることにより、力がぶれず土台が安定する。

肩に手足を乗せる

## 5
4人目が土台の人の肩に手足を乗せる。

5人目が腰に手をつくとき、前の土台の人の足と間隔が近くなりすぎないようにすると、1番上の人が乗りやすい。

腰に手をつく

## 6
5人目が土台の人の腰に手をつく。足を開き安定させる。

第1章 組体操の技　6人技　大トーテムポール

両手をついて上がる

腰に足を乗せる

後ろから見ると、手と足の間のあいているところに足を乗せているのがわかる。足はできるだけ腰の近くに乗せる。

**言葉掛けのコツ!**
手と足を乗せる位置を事前に確かめておこう

**7** 上の人は、土台の人の腰を使って上がる。両手を上の土台の人の肩と腰の位置に乗せ、体を支えて上がる。

横　　完成

手の位置は、肩から腰の間につく

**8** 上の人は、後ろの人の肩に足を乗せる。手の位置は肩から腰の間のバランスが取りやすいところに乗せる。

正面　　完成

全員の体が左右にぶれない

正面を向く

顔が縦に4つ並び、大きなトーテムポールのように見える。ひじをまっすぐ伸ばし、しっかりと正面を向く。左右に体がぶれないよう、バランスを取る。

第1章 組体操の技　6人技　大トーテムポール

腰や背中あたりに手を乗せる

Close up!

腰や背中あたりに手を乗せ、体を支えながら下りる。

**9** 上の人は、上がったときと同じように土台の人に手足を乗せて下りる。焦らずゆっくりと下りるよう心掛ける。

肩に手を乗せたまま下りる

**10** 上から順に下りる。

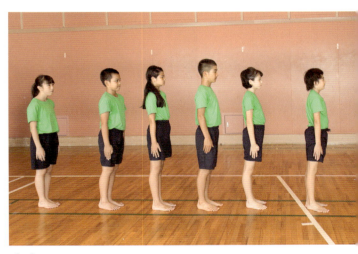

**11** 土台の人が立ち上がったら、1のように直立をする。

### 指導のポイント　こんなときはどうする？

**手足の位置でバランスを取る**

1番上の人がどうやって上がるかわからない場合は、左の写真の赤い丸のように手と足のつく順序と位置を指導する。その際に必ず補助に入る。また、上がったら、右の写真のように、バランスが取りやすい位置に手をつく。

77

多人数技

# 8人ピラミッド

6人や10人のピラミッドより、立体的なピラミッド。この技を組み合わせて、より大人数のピラミッドもつくることができる。

**ポイント**
- 土台の人は背中をまっすぐにする。
- 2段目の人は腰に手をつく。
- 前後の土台は離れないように密着させる。

1　前から、3人、2人、2人、1人の順に4列に分かれて並び、直立をする。

前後4列に分かれて直立

2　1段目の3人が馬になり、腕を交差させる。

馬になり、腕を交差させる

3　2段目の2人が、腕を交差させ、中腰になって手をつく。

正面

腕を交差させる

2段目の人は、1段目の人の足の間に立ち、前後に間隔が開かないようにする。

横

背中をまっすぐにする

足の間に立つ

Close up!
腰のあたりに手をつく。中心に手をつくと、安定して崩れにくい。

**4** 後ろの2人が、2段目の人の足の間に頭を入れ、馬になる。手は、1段目の人の足の間につく。

**5** 上の人は、後ろの人を土台にして、片足ずつ乗る。焦らず、バランスを取りながら上がる。

- 背中をまっすぐにする
- 足の間に頭を入れる

**Close up!** 頭を足の間に入れることで、土台の前後の間隔が開かないようにする。

- 片足ずつ乗る
- 焦らず上がる

**完成**

- 両腕をまっすぐ広げる
- 正面を向く

**Close up!** 腰のあたりに乗る。バランスが取りやすいように、つま先を外側に向ける。

**6** 上の人は、バランスを取りながらゆっくり立ち上がり、両腕をまっすぐ広げる。正面をしっかりと向く。

- 片足ずつ下りる

**7** 上の人はゆっくりしゃがみ、上がったときと同じように、片足ずつ下りる。

**8** 土台の人が立ち上がったら、**1**のように直立をする。

第1章 組体操の技　多人数技　8人ピラミッド

## 多人数技

# 9人やぐら

5人やぐらに4人を加え、さらに高さを出した技。高くなった分、土台が不安定になりやすいので、補助をつけ、手足の位置をしっかりと指導する。

**補助**

**ポイント**
- 土台の人はお尻を近づける。
- 3段目の人は背中、腰の高さをできるだけ合わせる。
- 上の人はひざをまっすぐにしなくてもよい。

前に4人、後ろに5人並び、直立をする

**1** 前に4人、後ろに5人前後2列に分かれて、横に並び、直立をする。

正面

お尻を合わせる / 直角になるように / 足を互い違いにする

**2** 1段目の4人が、背を向けて馬になり、足を互い違いにしてお尻を合わせる。地面に対して、足が直角になるようにする。

**言葉掛けのコツ！**
お尻をぴったり合わせよう

横 / 腕は交差させない / 指先を正面に向ける

体をぴったりとくっつける技ではないので、腕は交差させなくてもよい。しかし、体が離れすぎては、2段目の人の手が離れすぎてしまい、不安定になるので注意する。

**組体操ワンポイント**

お尻を合わせることにより、土台の人同士の間隔が近くなり、安定する。土台の人の間隔が離れてしまうと、3段目の土台の距離も離れてしまい、上に乗る人が立ち上がれなくなってしまう。この技では、お尻を近づけることを意識する。

両手は外側の肩につく

足は肩幅に開く

内側の肩に手をつくと、3段目の人が乗ったときにバランスが取りにくいので、外側の肩に手をつく。

**3** 2段目の人が、1段目の人の外側の肩に両手をつく。足は肩幅に開き、背中を丸めすぎないようにする。

一気に乗ると土台の人が腰を痛めることがあるので、ゆっくりと乗る。

組体操 ワンポイント

1段目の人の両手と2段目の人の足が、三角形になるようにする。2段目の人にかかった重さが、1段目の2人にうまく分散される。

片足ずつ1段目の人の腰に乗る

2段目の人の肩に手を乗せる

**4** 3段目の人が、2段目の人の肩に手を乗せ、1段目の人の腰に片足ずつ乗る。

お尻を合わせる

肩に手をつく

**言葉掛けのコツ！**
土台の人の上に乗るときは、腰にゆっくりと乗ろう

**5** 3段目の人は、1段目の人の上に乗ったら、お尻を合わせる。2段目の人の肩に手をつき、背中をできるだけまっすぐにして正面を向く。

第1章 組体操の技　多人数技　**9人やぐら**

81

1段目、2段目の人の背中を利用して上がる

1段目の人の腰のあたりに足を乗せる

**6** 上の人は1段目の人の腰のあたりに足を乗せ、2段目、3段目の人の背中を利用して上がる。

腰に乗り、つま先を外側に開く。まっすぐにしているとバランスが取りにくくなる。

腰に足を乗せる

両手を3段目の人に乗せる

**7** 上に乗ったら、3段目の人の腰に足、両手は背中のあたりに乗せバランスを取る。立ち上がる前に、足の位置を調整する。

完成

両腕を水平に開く

正面を向く

ひざはバランスを取るため、少し曲がっていてもよい

立ち上がったら、足に力を入れる。足の位置が背中に近いと土台が動きやすいので注意する。

**8** 上の人は、バランスを取りながらゆっくりと立ち上がり、両腕を水平に広げる。ひざは無理に伸ばさなくてもよい。

2段目の人の肩に足を乗せる

3段目の人の腰で体を支える

下りるのがうまくいかない場合は、補助に入っている人がそのまま下ろす。無理に自分で下りようとすると、ケガをしてしまう危険性があるので、高さに慣れるまでは、補助の人が後ろから抱きかかえるようにして下ろす。

**9** 上の人は、焦らずゆっくりと下りる。下りるときは、片足を2段目の人の肩に、次に、1段目の人の腰に乗せる。

片足ずつ下りる

2段目の人の肩に手を乗せたままにする

**10** 3段目の人は、2段目の人の肩に手を乗せたまま、片足ずつ下りる。

### 指導のポイント こんなときはどうする？

#### 背中とお尻はどちらも意識する

この技は、1段目の形が重要になる。上の写真のように背中が曲がっていたり、下の写真のように背中がまっすぐでもお尻が合っていないと、2段目、3段目の人も安定しない。お尻を合わせて、背中をまっすぐにできるように、常に自分の体の形を意識させる。

**11** 土台の人が立ち上がったら、1のように直立をする。

多人数技 / 補助

# 10人ピラミッド

10人で行う、4段のピラミッド。土台の人は足の位置を決めたら動かさないようにする。体を内側に寄せ、密着させるよう指導する。

**ポイント**

- ▶土台の人は手足の位置を決めたら、動かさない。
- ▶体は内側に寄せ、密着させる。
- ▶土台の人は腕を交差させる。

前後に並び、直立をする

**1** 土台の順に4列に分かれて横に並び、直立をする。

**組体操ワンポイント**

×

○

上の写真のように、ひざのつく位置が前後ばらばらになると、土台同士の体が離れてしまう。1段目の人の体が離れてしまうと、上に乗る人も安定せず崩れやすくなってしまうので、下の写真のように、必ずひざの位置をそろえる。

手、ひざの位置をそろえる　　腕を交差させる

**2** 1段目の4人が馬になる。腕を交差させ、手、ひざのつく位置をそろえる。体を内側に寄せ、密着させる。

腕を交差させ、肩に手をつく

ひざを腰に乗せる

## 3
2段目の人が1段目の人の上に乗る。腕を交差させ、手を肩に、ひざは腰に乗せるが、1段目の中央の2人には2人分のひざが乗るので、位置を調整する。

両手を乗せる

片足を1段目の人に乗せて上がる

Close up!

2段目の人の足の間から、片足ずつ乗る。1段目の人の負担にならないように、腰のあたりに乗り、上がる。

## 4
3段目の人は、2段目の人の背中に両手を乗せ、1段目の人の腰を利用して上がる。

ひじを伸ばし、肩が下がらないようにする

腕を交差させる

**言葉掛けのコツ!**
上からの力がかかってきても、手や足の位置を動かさないようにしよう

## 5
3段目の人は腕を交差させ、2段目の人の肩に手をつく。すべての土台の人はひじを伸ばし、肩の位置が下がらないようにする。

第1章 組体操の技　多人数技　10人ピラミッド

**6** 4段目の人は2段目の人の肩や腰のあたりに手を乗せ、片足ずつ1段目の人の腰に乗り、バランスを崩さないよう側面から上がる。

**7** 3段目の人の肩や腰あたりに手を、2段目の人の腰に片足ずつ乗せ、体を支えながら上がる。

**8** 全員正面を向く。手の位置を前後左右ずれないように、そろえると美しく見える。

9 4段目の人は、土台の人に手を乗せ、バランスをとりながら1段ずつゆっくりと下りる。

10 3段目の人は、1段目の人の腰に片足ずつ乗せ、ゆっくりと下りる。

11 2段目の人は、後ろに片足ずつ下りる。そのとき、1段目の人の足を踏まないようにする。

12 1段目の人が立ち上がったら、1のように直立をする。

### 指導のポイント こんなときはどうする？

#### 上がれないときの対処法

10人で行うピラミッドは、4段になり、かなりの高さになる。怖くて上がれないときは、補助の人に馬になってもらう。馬を土台にして足場をつくることで、上がる感覚をつかめる。

多人数技　　　　　　　　　補助

# 10人タワー

かなりの高さになる多人数技。立ち上がったり、しゃがんだりする際には声を掛ける。技を行う際は緊張感を持って補助をする。

**ポイント**

肩／腕／ひざ

▶ 1段目の人が立ち上がれない場合は、外側を向いて馬になり、土台になってもよい。

▶ 立ち上がったり、しゃがんだりする際には必ず声を掛ける。

前後に並び、直立をする

**1** 土台の順に3列に分かれて横に並び、直立をする。

**組体操ワンポイント**

3段目の人が立ったときに、正面を向くように、土台の位置を調整する。2段目の人の頭をつかむので、頭をつかまれる人が正面になるように土台を組む。

2段目の人は、1段目の人の手の位置を調整する

肩を組むジョイント

片ひざをつく

**2** 1段目の6人が肩を組むジョイントをして、片ひざをつく。できるだけ頭を近づけて起こし、腕をしっかりつかむ。2段目の人は、乗りやすいように1段目の人の手の位置を調整する。

Close up!

両ひざを曲げてしゃがむと、立ち上がるときにふらつくため、片ひざをつく。

**組体操ワンポイント**

首の付け根を空けて、肩を組むジョイントをする。手は足を止められるように、重ねてつかむ。

手を組むジョイント

首の付け根に足を乗せる

首の付け根に足を乗せることで、立ち上がっても安定する。また、土台の人の負担も少ない。

**3**
2段目の人が、1段目の人の首の付け根に足を乗せる。手を組むジョイントをする。

2段目の人に手を乗せ、1段目の人の背中に足を乗せる

背中に乗るときは、できるだけ静かに、素早く動く。

**4**
3段目の人が、2段目の人に手を乗せ、1段目の人の背中を利用して上がる。

頭を持つ

できるだけ動かないようにする

頭を持つと、後ろに倒れる危険が少なくなる。土台の人が立ち上がる際も手を離さないようにする。

**5**
3段目の人が上に乗ったら、2段目の人の頭を持つ。土台の人も3段目の人も、できるだけ動かないようにする。

第1章 組体操の技　多人数技　10人タワー

声を出しながら立ち上がる
上体を少し前に倒す

**6** 1段目の人は「1、2、3、4、5」と声を掛けながら、同時に立ち上がる。上体を少し前に倒し、上の人がバランスを崩さないようにする。

声を掛ける

**7** 2段目の人も同様に、声を掛けながら立ち上がる。高さが出るので、補助の人を必ずつける。

両腕を広げる
完成
声を掛ける

**8** 3段目の人も、土台の人にわかるように、声を掛けながら立ち上がる。立ち上がったら両腕を水平に広げ、正面を向く。

### 組体操ワンポイント

3段目の人が立ったとき、ひざを曲げていても構わない。ひざを伸ばすとバランスを崩しやすいので、安全を重視する。

**言葉掛けのコツ!**
上の人が立ち上がっても土台の人は気を抜かず、体を動かさないようにしよう

声を掛けて
しゃがむ

頭を持つ

**9** 3段目の人は、声を掛けながらしゃがむ。2段目の人の頭をつかみ、バランスを取る。

声を掛けてしゃがむ

**10** 2段目の人も、立ち上がったときと同じように、声を掛けながらしゃがむ。

声を掛けながら片ひざをつく

**11** 1段目の人も、声を掛けながら片ひざをつく。3段目の人が下りるまでは、体勢を維持する。

**12** 3段目の人から順番に下り、1段目の人が立ち上がったら、**1**のように直立をする。

### 指導のポイント　こんなときはどうする？

#### 4人・9人タワーで10人タワーの練習

10人タワーの練習は、3段目の人と2段目の人で4人タワーを、2段目の人と1段目の人で9人タワーをつくり、別々に行う。土台の人は立ち上がるタイミングや重さ、3段目の人は立ち上がったときに安定する位置が比較的安全にわかる。

第1章　組体操の技　多人数技　10人タワー

> 多人数技

# 山

肩車を中心に、多人数で山を表現する技。1つひとつの技や全体の形が美しくなるように、ひじ、ひざの伸びに注意して指導する。

**ポイント**

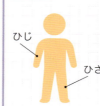

- ▶ ひじ、ひざをしっかりと伸ばす。
- ▶ 横一直線に並ぶ。
- ▶ 前後に体がぶれないようにする。

横に並び、直立をする

**1** 横に並び、直立をする。

**組体操ワンポイント**

最初に並んだ際に、どちらか片方の外側の人の立ち位置に合わせ、前後左右の間隔を決める。どの位置に立っているか、見て確認するようにする。

中央を基準に、外側に向く　　1歩前に出る

**2** 中央の肩車の上の人は、1歩前に出る。ほかの人は、中央を基準に、外側に体の向きを変える。

3 中央の6人は、肩車の準備をする。

4 肩車の土台の人は上の人のひざを持ち、立ち上がる。外側の人は、長座の姿勢になり、背すじを伸ばす。

5 中央の肩車の人は、両腕を横に広げる。左右の肩車の上の人、外側から2番目の人は、前の人の肩に向かって手を伸ばす。外側の人は、ななめに手を伸ばす。

**6** 肩車の人は手を元に戻してしゃがむ。外側から2番目の人は、直立をする。外側の人は手を下ろす。

**7** 立ち上がり、1のように直立をする。

### 指導のポイント こんなときはどうする？

**距離感を確かめる**

山のように、多人数で組み合わせる技は、横の人との間隔が大切になる。外側の人は、ただ手を伸ばすだけでは、美しく見えない。立った状態で手を伸ばし、間隔を確かめてから、実際に技の形をつくってもよい。

## 12人の場合の山

左右両端に1人ずつ追加する。

外側の人は、腕立ての準備をする。外側から2番目の人は、片ひざをつく。

外側の人は腕立ての姿勢になり、ひじをしっかりと伸ばす。外側から2番目の人は、外側の人の両足を肩に乗せる。

ウォール技

# やぐらウォール

補助

5人やぐらを横につなげて、ウォールにした技。中央の馬の向きが、5人やぐらとは異なるので注意する。

**ポイント**

肩／腰／足

- 2段目の人はお互いに体が離れないようにする。
- 中央の馬には体格のよい人を選ぶ。
- 中央の馬の肩、腰に手をつく。

横1列に並び、直立をする

**1** 横に並び、直立をする。土台になる人の間に、上に乗る人をそれぞれ配置する。

外側に向かって馬になる／正面に向かって馬になる／背中合わせに立つ

**2** 中央の人は、正面に向かって馬になる。外側の人は、外側に向かって馬になる。2段目の人は、背中合わせに立つ。

お尻を合わせる／背中に手を乗せる

**3** 2段目の人は、お尻を合わせ、1段目の人の肩、腰に手をつく。3段目の人は、2段目の人の背中に手を乗せる。

2段目の人はお尻を合わせて土台をつくる。1段目の中央の人の肩、腰に手をつく。

Close up!

土台の腰や背中を利用して上がる

**4** 3段目の人は、1段目の人のお尻や腰のあたりに足を乗せ、2段目の人の背中を利用し、体を支えて上がる。

完成

ひざがまっすぐにならなくてもよい

腰に足を乗せ、つま先を外側に開く

正面を向く

**5** 3段目の人は、ゆっくりと立ち上がり、腕を横に広げる。その際、バランスを取るために、ひざがまっすぐになっていなくてもよい。

腰掛けるようにして、前に下りる

**6** 3段目の人は、2段目の人の腰に両手をつく。体を支えながら、腰掛けるようにして、前に下りる。難しいようであれば、上がったときと同じように、ゆっくり下りてもよい。土台の人が立ち上がったら、**1**のように直立をする。

97

ウォール技

# サボテンウォール

3人サボテンを横につなげるウォール技。土台の人は腰を低く落とし、左右で太ももの高さをそろえる。横に長くなるので、体が前後しないよう指導する。

**ポイント**

肩 / 手 / ひざ

▶ 土台の人はひざを包むように持つ。
▶ 土台の人は腰をできるだけ、低く落とす。
▶ 上の人は手を合わせる。

土台の人と上に乗る人が交互に横並び、直立をする

**1** 土台の人と上に乗る人が交互に横に並び、直立をする。

腰を落とす / ひざに手をつく

**2** 上に乗る人は1歩後ろに下がる。土台の人はその場で足を開き、腰を落とす。ひざに手をつき、できるだけ太ももを地面と平行にして、左右の人と高さをそろえる。

**言葉掛けのコツ！**
腰を落として太ももの高さをそろえよう

3 上の人は、両手を土台の人の肩に乗せ、片足を土台の人の太ももに乗せる。土台の人は、上の人のひざを包むように持つ。

4 土台の両側の人は外側の腕をまっすぐ横に広げる。上の人は手を合わせる。近づけるだけでもよい。上の両側の人も土台の人と同様に片方の腕を横に伸ばす。土台の人は同時に手を離し、上の人は飛び下りる。下りたら、1のように直立をする。

## 指導のポイント こんなときはどうする？

### 並べてサボテンウォールに見せる

サボテンウォールは、3人サボテンをつなげていくことで完成する技。しかし、人数が合わなかったり、曲線に並べたりする場合は、写真のように、3人サボテンを並べることで、サボテンウォールのように見える。

― ウォール技 ―

# ウェーブ

大人数で横1列に並び、上体を前に倒しては起こし、波を表現する。人数が多くなるほど難しくなるので、技のでき映えを伝えて、美しく見えるよう指導する。

### ポイント

- ▶ 手を組み、腕の交差をそろえる。
- ▶ ひざの位置をそろえる。
- ▶ 背の順に並ぶ。

横1列に背の順に並び、直立をする

**1** 背の順に横に並び、直立をする。

体育館などで練習している際は、線に合わせてひざをそろえ、位置を体で覚えるようにする。

体育館の線

Close up!

ひざをつき、体を密着させる

**2** ひざをつき、体を密着させる。できるだけ素早く動くようにする。

手を上げて腕交差させる

**3** 手を上げて、腕を交差させる。交差させる腕は、全員そろえるようにする。

手のひらの見え方もそろえる。

Close up!

**完成**

横の人の動きを感じるよう意識する

外側の人から前に上体を倒す

**完成**

上体を起こす

この動きを繰り返す

**4** 外側の人から順番に上体を前にゆっくりと倒す。倒した際も、ひざ立ちを維持する。順番に倒れたら、再度上体を起こし、これを数回繰り返す。

## 指導のポイント こんなときはどうする？

### 背の順と腕の交差がウェーブ成功の秘訣

ウォール技の定番のウェーブだが、背の順に並ばないと不格好な技になる。波に見えにくくなり、動きもぎこちなくなってしまう。腕の交差も同様に、ちぐはぐだと美しく見えないので、しっかりと指導する。

腕の交差が逆

背の順がバラバラ

## コンビネーション技　補助

# スキージャンプ

1人〜2人技を組み合わせたコンビネーション技。優雅に飛び立つスキージャンパーを表現する。

**ポイント**

- 技と技の間隔を十分にあける。
- 1列に技を行い、左右に技がぶれないようにする。
- 体をまっすぐに伸ばすことを意識する。

サボテン →P27

仰向け腕立て →P13

長座腕立て支持 →P22

サボテン、仰向け腕立て、長座腕立て支持の順番に、技をつくる。サボテンの上の人は、しっかりと腕を伸ばし、空を飛ぶような姿勢にする。

## コンビネーション技　補助

# 成長

1人技から6人技へのコンビネーション技。生まれたての馬が、大人の馬になっていく成長の様子を表現する。

**ポイント**

- ひじ、ひざを伸ばす。
- 技と技の間が、離れすぎないようにする。
- 手、足は、肩、腰に乗せる。

馬 →P8

トーテムポール →P44

大トーテムポール →P74

馬から順番に技を行うようにする。大トーテムポールやトーテムポールは、正面から見せるのではなく、横から見せる。ただし、正面はしっかりと向く。

## コンビネーション技

# 宇宙旅行

空を飛ぶ宇宙船が、星のまわりを遊泳しているところを表現するコンビネーション技。星を中央に配置して、星の中心に向かって飛行機をつくる。

**補助**

**ポイント**
- 肩
- 背中
- 腕

▶ より大人数で行う場合は、星と飛行機を交互に配置する。
▶ 星は、正面の位置を変えてもよい。
▶ 飛行機は星の中心を正面にして囲む。

飛行機 →P36

星 →P62

中央に星をつくる。飛行機をする人は、宇宙船が飛び立つように同時に立ち上がる。

---

## コンビネーション技

# 城

10人ピラミッドを城の天守とし、両側のピラミッドでやぐらを表現する。立ち上がる人は、両腕をしっかりと伸ばし、城が大きく見えるようにする。

**補助**

**ポイント**
- 肩
- 手
- ひざ

▶ 土台の人は体を密着させて安定させる。
▶ 正面をしっかりと向く。
▶ 補助をつける。

8人ピラミッド →P78

10人ピラミッド →P84

6人ピラミッド →P68

6人ピラミッドから順番に、8人ピラミッド、10人ピラミッドをつくる。城が徐々に建てられていく様子を表現し、最後には大きな城ができる。6人ピラミッドは3段目が立ち上がる。

コラム

# 「笛を使った指導」と「保護者への連絡」

笛の合図は、全体の動きを統一するために必要なものです。笛の回数が多くなりすぎないように注意します。自分の子どもがどこにいるのかわかるように、あらかじめ保護者に配置図を配布しましょう。

## ■笛を使った効率的な練習

笛はできるだけ同じテンポで吹くようにしますが、吹く前にすべての児童の準備が整っているか確認します。

技の準備を合図するときは「ピッ」と短く吹き、決めのポーズでは「ピッ、ピー」と長く吹きます。4～5人技以上になり、準備の動作が多い場合は複数の準備動作を1回の笛で行ったり、完成一歩手前まで準備をしたりして、時間の短縮をしましょう。笛の合図を臨機応変に活用して、練習を効率的に行うようにしてください。

### 笛を使った指導例

どの笛の合図で何を行うのか、あらかじめ決め、児童に伝える。

① 「ピッ」と短く吹く
技の準備を行う際に使う。短く吹くことで、早く動くように意識させる。

② 「ピッ、ピー」と長く吹く
決めのポーズの際に使う。長く吹くことで、その間決めのポーズをしっかりと行うように意識させる。

## ■保護者への連絡

組体操は運動会における花形種目。とくに保護者は、自分の子どもがどこにいるのか知りたいはずです。運動会の1週間くらい前までには、配置図を配布して、児童の位置がわかるようにしておきましょう。

用意する配置図は、児童自身が立ち位置に印をつけてから保護者に渡るようにします。また配置図には、タイトルだけでなく、テーマの紹介、ナレーション、技など、できるだけたくさんの情報を載せておけば、組体操の内容やストーリーが理解しやすくなります。

配置図は手描きではなく、エクセルなどで体裁を整えたものを用意し、できるだけ見やすく調整しておきます。

### 実際の配置図

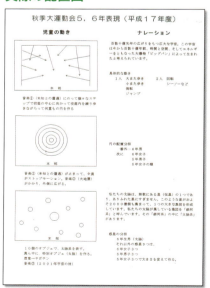

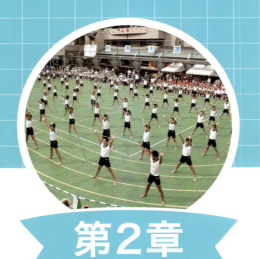

## 第2章

# 組体操の作品例

組体操の構成は、作品の根本となるテーマを定め、
それに合わせて隊形や技、曲を決めていきます。
それぞれ決めることは多いですが、
どの項目についても児童の実態を考えることが大切です。

# 組体操の構成の立て方

単体の技を流れるように構成することで組体操は完成します。テーマに合わせて技の形や隊形、流れを考え、ひとつの作品になるよう構成しましょう。

## ① 組体操のテーマを決める

　組体操は、各技を流れるように構成することで統一感が生まれます。そのためにはテーマを決めておくこと。各技がつながりやすくなり、技や隊形も考えやすくなります。

　テーマは児童の思い、教師の思い、どちらで決めても構いませんが、基本的には児童の思いを尊重して選びましょう。テーマには大きく３つのパターンが考えられます。

1. 山や海、その地域に根ざした自然や橋など「自然や環境」のテーマ。
2. 市や学校の歴史、地球の誕生など物語性のある「歴史」のテーマ。
3. オリンピックやサッカーワールドカップ、人工衛星打ち上げなどの「時事ネタ」のテーマ。

　もちろん、技がつながりさえすればテーマがなくても構いません。ただし、ある程度の構成力が必要になるので、はじめて組体操に取り組む場合は、テーマを決めたほうがよいでしょう。

### 組体操のテーマ例

▶**自然や環境**
例：山や海、その地域にある象徴的な建造物など、具体的な形を表現する

▶**歴史**
例：地域の歴史、地球・生命の誕生など、物語性のあるもので構成する

▶**時事ネタ**
例：オリンピックや人工衛星打ち上げなど、流行に合わせたテーマを表現する

## ② 作品の構成を考える

　テーマという大枠が決まれば、表現する技の形・隊形を考えて作品の構成をつくります。

　技の形は、例えば「山」というテーマであれば、正面から見て三角形など、「創立○周年記念」であれば、校章の模様に似せたものなど、テーマに合う技の形を考えて、難易度の低いものや高いものを織り交ぜて選んでおきます。

　次に作品の流れを考えます。基本は１人技→２人技→３人技……最後に多人数技と人数を増やします。人数を徐々に増やすことで、盛り上がりがわかりやすくなります。

　また、はじめにウォール技でテーマを象徴する形を見せてから１人技へと移ったり、少人数技を多用して隊形で作品を見せる、といった構成でもよいでしょう。

　これにＡ（１人技）、Ｂ（２人技）、Ｃ（２〜３人技）、Ｄ（多人数技）などの隊形の変化を組み合わせて、おおまかな構成を決めます。

### 作品の構成例（A→B→C→D順）

**隊形A：1人技　縦10列に並ぶ**
天突き→片手支持→ブリッジ→肩倒立など

**隊形B：2人技　トラックに並ぶ**
補助倒立→2段腕立て支持→すべり台など

**隊形C：2〜3人技　十字に並ぶ**
肩車→サボテン→扇→飛行機など

**隊形D：多人数技　6つの円をつくる**
3段タワー＋ピラミッドなど

## ③ 児童に合わせた技を選ぶ

組体操は、短時間できびきびと行動しないと、作品としてしまりのないものとなってしまいます。選んだ技と流れに対して、児童の体格や体力的なことを考慮し、無理をさせない技を選びましょう。技を選ぶ段階で無理なことをさせてしまうと、技をつくるまでに時間が掛かり、ケガの原因にもなります。短い時間で無理なくできる技を選ぶことで、児童の緊張感が持続するだけでなく、体力的な負担も軽くなります。

技は各児童の体力、体格、人間関係（信頼感）などを考えて組み合わせます。例えば、体が大きく、体力的にやや不安のある児童には、体格が小さくても、体力的に問題のない児童と組み合わせるなど、適材適所に児童を組み合わせることがポイントです。技を選ぶ際には、普段から児童1人ひとりをよく見ておくことが重要になります。

また、全員の表情が保護者に見えるように組み合わせることも考えましょう。

### 体力別おすすめの技

▶体力的に問題なし
- 1人技……水平バランス(→P11)　カエル倒立(→P12)
- 2人技……2段ひざ曲げ仰向け腕立て(→P20)
- 3人技……3人すべり台(→P34)　飛行機(→P36)
- 4人技……4人タワー(→P40)　4人飛行機(→P42)
- 5人技……自由の女神(→P52)　滝つぼ(→P58)
- 6人技……つり橋(→P64)　6人ピラミッド(→P68)
- 多人数……10人ピラミッド(→P84)　10人タワー(→P88)

▶体力的にやや不安
- 1人技……天突き(→P9)　V字バランス(→P11)
- 2人技……片手支持交差(→P16)　2段腕立て支持(→P18)
- 3人技……3人扇(→P28)
- 4人技……騎馬(→P38)　トーテムポール(→P44)
- 5人技……5人扇(→P46)　5人サボテン(→P48)
- 6人技……星(→P62)　高速ピラミッド(→P72)
- 多人数……8人ピラミッド(→P78)　山(→P92)

## ④ 曲とナレーションを決める

全体の構成が決まれば、最後に曲やナレーションを決めます。曲選びはその作品のテーマに合ったものを選びます。また、ナレーションについても同様に、テーマに沿ったセリフを考えます。

曲選びのコツとしては、隊形の数を目安に曲数を決めます。あまり曲数が多いと、かえってテンポを悪くしてしまいます。曲数は1つ～2つの隊形につき1曲程度がよいでしょう。安定した技であれば落ち着いた曲を選び、派手な技であれば盛り上がるような曲を選びます。

また、曲のつながりを自然にする際は、徐々に音量を上げるフェードインで曲のはじまりを、曲の終わりでは徐々に音量を下げるフェードアウトを行うと効果的です。

ナレーションは物語性を持たせることが大切です。組体操の隊形や技の時間に合わせてセリフを考え、実際に読み上げ、どのくらい時間がかかるのか把握しながら調整していきましょう。構成さえしっかりしていれば、曲だけでも成立するので、最近ではナレーションを入れないことも多くなっています。

### 曲を選ぶ際のポイント

- 曲数は多すぎないようにする
- 曲が途切れないように、極端に短いものは避ける
- テーマや技に合うテンポの曲を選ぶ
- 歌詞がある曲の場合、とくに日本語のものはテーマと合うものにする
- ひとつの隊形で演技する時間を考え、盛り上がりのタイミングが合いやすい曲を選ぶ

# 隊形をつくる際のポイント

組体操では、技だけでなく隊形も演技のひとつと考えます。直線の隊形が大きな輪に変わるだけでも見映えがよくなり、次の演技への期待感が高まります。

## ① 隊形をつくる前に

　隊形は各演技を効果的に見せるために、つくります。技に合わせた隊形にすればさらに迫力が増すでしょう。また、全体を通して児童が偏りなく見えるように配置することがポイントです。

　隊形をつくる際は、技と移動距離が重要です。技は、密集して行えば力強さが増し、交差や美しい列では統一感のある演技になります。移動距離は、ダイナミックな動きにつながります。少なければ時間が短縮できますが、ダイナミックな動きは表せません。多すぎると時間のロスにつながり、しまりのない演技になってしまいます。隊形は、技の形を考え、場面転換などの際に大きく隊形を変えるとよいでしょう。

　隊形をつくる前には配置図を作成します。線、矢印、山などを使いますが、とくに決まりはありません。あまり手を掛けずに、ひと目でわかるようにしましょう。

### 配置図の記号一例

**線**
列、複数人の列など。待機や技を行った際の列はそれぞれ統一させておくとよい。

**円**
円形に並んだ形や、複数人の集まりなど。2〜3人の集まりの場合、数が多いようなら線で表す。

**山**
ピラミッドやタワーのような大技など。複数のピラミッドやタワーがある場合、大きさを変えて人数を表す。

**矢印**
入場や退場、移動など進行方向を表す際に使う。移動するラインが複雑なら簡略化する。

## ② 素早く動いて隊形をつくる

　隊形を変える際に気をつけたいポイントは、素早く移動することです。時間の短縮はもちろん、きびきびとした動きは、観客に躍動感や一体感を感じさせます。

　隊形の練習では、はじめから技と合わせた練習をするよりも、素早く移動する練習から行いましょう。移動のタイミング、最短距離への動き、足踏み、立ち位置の確認、待機の姿勢など、慣れないとなかなかできません。一斉に移動する際、最短距離へどうしたらたどり着くのか、立ち位置は何を基準にするのか、児童自身が考えられるようになることが大切です。

　また、移動後に待機する際は、直立の姿勢を保つよう指導します。ふらふらせず美しく立つことで全体にしまった演技となります。

### 作品の流れ例

**移動するタイミング**
タイミングは笛、BGMなどが基本。きっかけを決めておき、一斉に動き出す。

**最短距離への動き**
少ない歩数で、移動する。バラバラに移動する隊形では、児童自身が考えて動けるようにする。

**足踏み**
細かいステップを踏むように行う。足をすったり、上げすぎたりしないように注意する。

**立ち位置の確認**
基準となる児童に合わせる。基準となる児童にはトラックの線やラインを引くなど、立ち位置がわかる場所を指示しておく。ほかの児童は基準の児童や、左右の並び、隣との間隔などにも気をつける。

**待機の姿勢**
移動が完了したら直立の姿勢を保つ。ほかの児童が移動中でもふらふらしない。

# ③ 隊形の紹介

## 入場

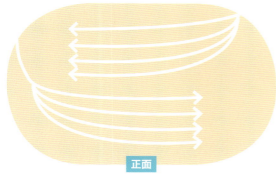

正面

1人技へとすぐに移行できる、スピード重視の整然とした入場。入退場門が左右にある場合、はじめに4列に並び、それぞれの門から前方、後方の位置に並ぶ。

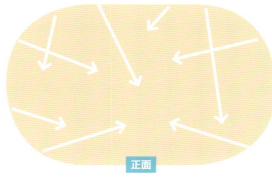

正面

ランダムな方向から入場する動き。校庭の中心に向かって、自分の立つ位置まで移動する。

## 1～2人技

正面

横に並んだ1～2人技の基本隊形。前後左右の間隔をそろえ、全体で何かを表現する際に向く。

正面

縦のラインを意識した1人技よりも2人技に向く隊形。前後左右の間隔はほぼ均等にして、列がずれないように注意する。

正面

トラックに沿って2列に並ぶ隊形。観客席に近い位置なので、全員の演技を間近で見てもらうことができる。

正面

2人技を美しく見せる隊形。肩車→サボテンへの難度の高い技を強調したい場合などにつくる。ウォール技にも応用できる。

## 3〜4人技

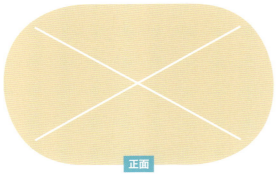

飛行機やウォール技など、見映えのする技を引き立てる隊形。中心から出る4本の列として考え、正面と後方に近いほうを向く。

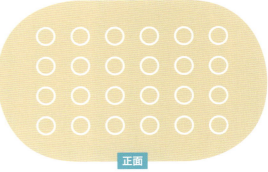

整然と並び、統一感のある演技をする際の隊形。どんな技にも適している。各円が3〜4人の集まりを表す。

## 5人〜多人数技

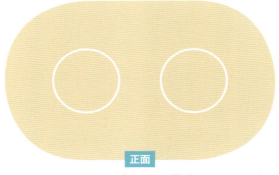

技によってモチーフを表しやすい隊形。ふたつの円を並べるので、それぞれどこで待機するのか、立ち位置をはっきりと決めておく。

山や塔など高さのあるモチーフを表現する隊形。タワーなど高さのある技が多くなるので、補助人員に合わせて数を調整する。

タワーやピラミッド、やぐらなどの技をシンメトリーに見せる隊形。すべての児童の顔が見えるように、互い違いに配置する。

タワーやピラミッドを行う際の隊形。観客席に近い位置なので、迫力が伝わりやすい。正面を向いてもトラックの外側を向いてもよい。

## ウォール技

シンプルな2列の隊形。ウォール技のほかに、高速ピラミッドや5人扇など、縦に広がる技、横に広がる技を問わず、どんな技でも迫力が出る。

サボテンウォールなど、横に並ぶ技、ウェーブなどの動きのある技に適している隊形。

全体を前後に分けて見せる隊形。高速ピラミッドなど、迫力のある演技がさらに厚みを増す。

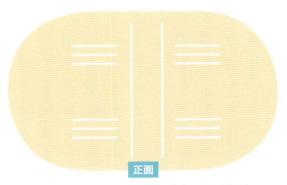

シンメトリーな形をつくった隊形。中央の長い列でウォール技を、外側の短い列で、シンプルな技を行うなど、バランスよく技が選べる。

## 退場

最後の技が終わったら、一度列をつくって退場する。トラックを走りながら退場するので、観客席に顔を見せながら退場することができる。

2列に並んで、挨拶や礼をしてから退場する方法。挨拶後は左右の端から、トラックに沿って走って退場する。

| 作品例① | 和 ～共に歩む無限の力～ |

ふたつの小学校が統合されてできた小学校の、開校25周年を記念した組体操です。オープニングで和を表現し、1人技～多人数技へと続くことで、共につくり上げる無限の力を感じさせます。

BGM 1

## 入場

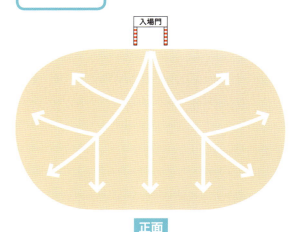

正面

オープニングで3人サボテンを行うために、入場門から距離が離れている人から順番に走って移動する。

**技・動き** 走って移動

**ポイント**
- 爽やかなBGMをきっかけに組体操開始の合図とする。
- できるだけ素早く隊形を整えるために、立ち位置が遠い人から順番に走る。

立ち位置が遠い人から走って移動

## 隊形1

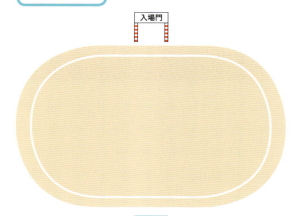

正面

2人ずつグラウンドのラインに沿って並び、その間に1人が立つ。3人サボテンをつくり「和」を表す。

**技・動き** 3人サボテン

**ポイント**
- グラウンドのトラックの線に沿って並ぶ。
- 円形に並ぶことでウォール技のような迫力が出る。
- あえて3人サボテンから入ることで、「和」のテーマをより強調させる。
- 終了後はBGMを止め、場面転換。

3人サボテン

## 隊形2

入場門

**技・動き**
天突き
片手支持
ブリッジ
肩倒立

**ポイント**
- 隊形が変わり、横8列に並ぶ。
- BGMの代わりに、天突きの掛け声が演技の期待感を高める。
- 笛の合図だけで、素早く技を行う。

**正面** BGMが止まって、等間隔に横8列に並ぶ。1人技を行い、笛の合図で同調して動く。

天突き

片手支持

ブリッジ

肩倒立

## 隊形3

入場門

**技・動き**
補助倒立
2段腕立て支持
V字バランス
すべり台
馬の上で両腕を広げる

**ポイント**
- V字バランスを向かい合って行う。
- 馬の上で足を開いて立ち、両腕を広げる。並べてウォール技のようにする。
- テンポよく行える技ばかりなので、次々に演技をする。

**正面** 場面転換。内外2重に向かい合って並び、2人技を行う。

補助倒立

2段腕立て支持

V字バランス

馬の上で両腕を広げる

第2章 組体操の作品例　作品例① 和 〜共に歩む無限の力〜

## 隊形4

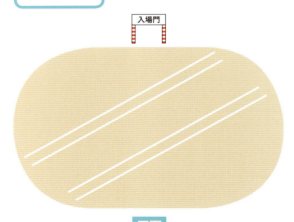

正面

正面に対して斜めに4列に並び、それぞれトラックの外側を向く。列の間隔はサボテンをつくる人同士は近く、内側の土台の間隔はやや離れる。

**技・動き** 肩車／サボテン

**ポイント**
- 2人の力を合わせて力強さを表す。
- 肩車からサボテンへ、技を行う。
- サボテンが崩れてしまった場合は、その場で体育座りをして待機する。

肩車

サボテン

## 隊形5

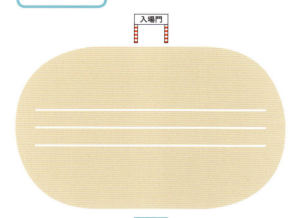

正面

BGM開始と同時に素早く移動する。土台は正面を向いて横に並び、後方に2、3段目が並ぶ。BGMが入ることで、クライマックスへの盛り上がりをつくる。

**技・動き** 高速ピラミッド

**ポイント**
- 個と個が組み合わさり、共に歩む道を表す。
- 高速ピラミッドは3回繰り返す。
- 壁のように並ぶ技を1列で見せることで、迫力のある演技となる。

高速ピラミッド

## 隊形6

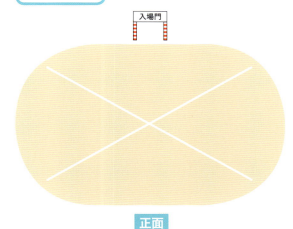

正面

| 技・動き | 飛行機<br>馬＋すべり台<br>腕立て＋馬 |

**ポイント**
- 皆で力を合わせて、創造する力を表現する。
- 飛行機とすべり台、馬などを組み合わせたウォール技にする。
- 児童の力に合った難易度で技を組み立て、ひとつの作品をつくる。

斜めに交差させる隊形をつくる。正面、後方のどちらか近い位置を向く。飛行機や馬を組み合わせて、交差する大つり橋をつくる。

飛行機、すべり台、馬のウォール技

BGM 3

## 隊形7

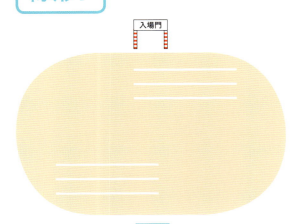

正面

| 技・動き | 高速ピラミッド<br>3人扇 |

**ポイント**
- 素早く縦横に広がる技で、無限に広がる力を表現する。
- ピラミッドの3段目は笛の合図で手を上げ、隣の人と手を合わせる。端の人は扇の人と手をジョイントさせる。

全観客に見えるように、トラックの外側を向いて2カ所、各3列ずつ並ぶ。高速ピラミッドの端に扇が加わったウォール技をつくる。

高速ピラミッドと扇のウォール技

BGM 4

第2章 組体操の作品例　作品例① 和〜共に歩む無限の力〜

115

## 隊形8

正面

シンメトリーになるように並び、10組の10人タワーをつくる。この際全員正面を向く。

**技・動き** 10人タワー

**ポイント**
- 同じ方向を向く10人×10のタワーで、無限へと向かう力を表現。
- 立ち上がるのが難しいグループの場合は、1段目を馬にして円になり、外側を向く。
- 全部のタワーに補助を配置する。

10人ずつ集まる

10人タワー

BGM 5

## 隊形9

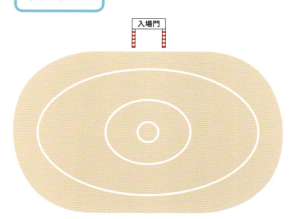

正面

トラックに沿った楕円と中心に二重の円をつくり、体育座りをする。全体にシンクロさせて長座から仰向けになる。

**技・動き** 長座 仰向け

**ポイント**
- 力強い演技から一転、静かなBGMとともに、力が波紋のように広がる様子を表す。
- 長座の姿勢で、中心の円から外側の円へ、順番に、手を上げながら仰向けに倒れる。笛の合図で元の姿勢に戻り、最後に円の中心から1人ずつ倒れる。

長座から仰向け

BGM 6

## 隊形10

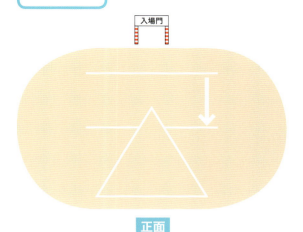

**技・動き** 8人ピラミッド

**ポイント**
- 共に歩んできた全員の力の集大成を、縦、横に積み重ねる。
- 必ず安全を考慮した配置を行い、無理をさせない。
- 補助者は全方向に配置する。

トラックの中心に集まり、正面に向かって並ぶ。8人ピラミッドを縦、横に積み重ねる。

## 退場

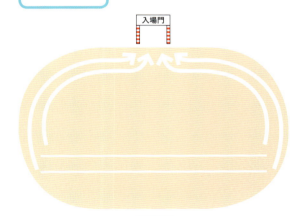

**技・動き** 礼
走って退場

**ポイント**
- 演技が終わり、見ていただいた保護者に対して礼をして、感謝の意を表す。
- 前列の左右の端から走って退場する。前列が退場したら後列も同様に退場する。
- 退場する際も素早く走って、しまりのある演技にする。

退場する前に、正面に向かって横2列に並ぶ。観客席の保護者に礼をしてから、1列ずつトラックに沿って退場する。

礼

退場

| 作品例② | 宇宙〜宇宙開発への挑戦 |

この組体操は平成17年に行われたもので、当時、宇宙飛行士の野口聡一さんが宇宙へ行ったことをテーマにしています。太陽系、ロケットなどをモチーフにした隊形で、演技をします。

## 入場

ナレーション　百数十億光年の広がりを持つ広大な宇宙。この宇宙は今から百数十億年前、時間と空間、そしてエネルギーをともなった大爆発「ビッグバン」によって生まれたと考えられます。

BGM 1

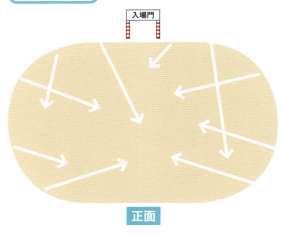

**技・動き**
大股歩き
小股歩き
側転
ジャンプ
スキップ
回転

**ポイント**
- 各方向からバラバラに集まることで、エネルギーの集約を表す。
- 1人の場合　大股歩き、小股歩き、側転、ジャンプ、スキップ。
- 2人の場合　回転など。

BGMに合わせて、様々なステップで校庭の中心に向かって、校庭内を練り歩きながら5重の円をつくる。

## 隊形1

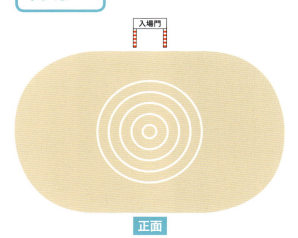

**技・動き**
ストップモーション
走って移動

**ポイント**
- BGMが止まったら、できるだけ動かないようにしっかりと止まる。
- 次のBGMが流れたら全員が一斉に、それぞれ次の隊形をつくる位置へ走る。
- 円が一斉に広がることで「ビッグバン」を表現する。

BGM 2

円が完成したと同時にBGMが止まり、全員がストップモーション。一旦間があいてから、次のBGMとともに外側に一斉に広がる。

## 隊形2

**ナレーション** 私たちの太陽は、無数にある星のひとつであり、ありふれた星にすぎません。このような星がおよそ2000億個も集まって、ひとつの大きな集団を形成しています。私たちの太陽が属している集団を「銀河系」と呼んでいます。その「銀河系」の中に「太陽系」があります。

BGM 3

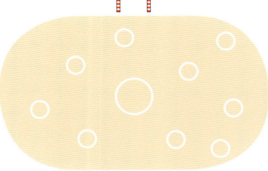

**技・動き** 肩車　サボテン

**ポイント**
- 10個の円で太陽系を表す。
- 次のナレーションにつながるように、ゆっくりとセリフを読み上げる。
- 円の外側を向き、肩車→サボテンの技をつくる。

**正面** 太陽系を円で表現する。10個の円をつくり、中心の太陽を表す円は人数を多めにする。

## 隊形3

**ナレーション** その中で、唯一水を表面に存在させ、多数の生命体があふれている惑星、それが地球です。地球は、たくさんの生命が進化し、現在に至っているのです。

BGM 4

**技・動き** ウェーブ

**ポイント**
- ウェーブを行うことで、地球の水を表現する。
- 並び順は、端から中心に向かって背が高くなるようにし、ウェーブが美しく見えるようにする。
- ウェーブは、あえてタイミングをずらして行うとよい。

**正面** 斜め2列で交差するような隊形をつくり、ウェーブを行う。列は4つに分けて、正面側に近い列は正面を、後方に近い列は後方を向く。

## 隊形4

**ナレーション** 地球のすぐ内側を公転している惑星。それが金星です。1990年からアメリカの金星探索機マゼランの観測により、90%近い地峡の地図が完成しています。

BGM 5

**技・動き** 飛行機

**ポイント**
- 飛行機で火山活動を表す。
- 次の隊形へ続くように、ナレーションのタイミングを合わせる。
- 各列はトラックの中央を境に正面と後方のうち、どちらか近いほうを向く。

**正面** 3人組をつくり、横6列に並ぶ。飛行機を終えたら、続いて見えるように次の隊形へと素早く移動する。

## 隊形5

**ナレーション** かつて、金星では活発な火山活動が続き、噴出した溶岩流がクレータを埋めたと考えられています。

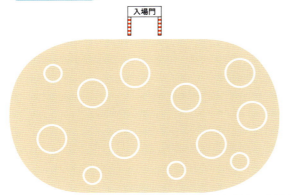

**技・動き** ブリッジ
仰向けに寝る

**ポイント**
- グループに分かれて輪をつくり、ブリッジをしてからその場に仰向けに寝てクレータを表現する。
- 仰向けに寝る際は体をまっすぐにする。
- 前の隊形からの続きとなるように、流れを止めないようにする。

**正面** ランダムに見える位置に円を12個つくり、内側を向く。ブリッジが美しく見えるように、ブリッジの間隔はできるだけ均一にする。

## 隊形6

**ナレーション** 地球にもっとも似た惑星、それが火星です。一日は約24時間であり、四季もあります。地形を見ると、かつて水が流れていたあとが残っています。生命が存在したかと思われていましたが、惑星探査の結果、今（平成17年）では否定的な結果が出ています。その火星にオリンポス山という大変高い山があるそうです。

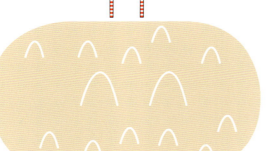

**技・動き** 5人やぐら
9人やぐら

**ポイント**
- 9人やぐらのまわりに5人やぐらをつくり、オリンポス山を表す。
- 全部のやぐらに補助をつける。

**正面** ランダムに見える位置に5人やぐらをつくり、中心に9人やぐらをふたつつくる。全員正面を向く。

## 隊形7

**ナレーション** 宇宙開発の歴史は、ロケットの歴史といっても過言ではありません。世界初の人工衛星は、旧ソ連による「スプートニク」の打ち上げによって成功しました。アメリカが翌年に「エクスプローラー1号」の打ち上げに成功し、宇宙開発の世界競争がはじまりました。

**技・動き** 10人タワー
4人タワー

**ポイント**
- 4人タワーと10人タワーでロケットを表現する。
- 児童を適材適所に配置し、それでも難しい場合は4人タワーの土台を馬にしてもよい。
- 全部のタワーに補助を配置する。

**正面** 10人タワーを中心に、シンメトリーに4人タワーを配置する。全員正面を向いて並ぶ。

### 隊形8

**ナレーション** 今までのロケットは使い捨てでしたが、アメリカで開発されたのが地球と宇宙を往復できる「スペースシャトル」です。このスペースシャトルに乗って野口さんは国際宇宙ステーションへ行った（平成17年）のです。

BGM 8

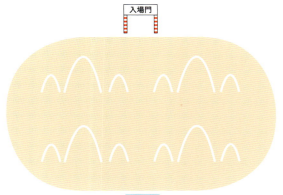

**技・動き** 6人ピラミッド
10人ピラミッド

**ポイント**
- 6人ピラミッドと10人ピラミッドでスペースシャトルを表現する。
- 10人ピラミッドのまわりに6人ピラミッドをつくり、それぞれのピラミッドに補助者をつける。

**正面** 正面・後方の4カ所に集まり、それぞれトラックの外側を向いて並ぶ。ピラミッドを組み合わせたウォール技にする。

### 隊形9

**ナレーション** 宇宙開発の競争は、国際宇宙ステーションからもわかるように共同開発に変わりつつあります。地球人として、今もここにいる皆さんの中にも、宇宙へ実際に行く人がいるかもしれません。未来は宇宙へと、つながっているのです。

BGM 9

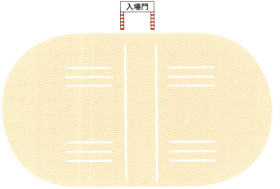

**技・動き** 飛行機
馬＋すべり台
馬＋腕立て

**ポイント**
- 飛行機、馬、すべり台、腕立てを組み合わせてウォール技にし、国際宇宙ステーションを表現する。
- ソーラーパネル部分は飛行機で表現する。
- 児童の力に合った難易度で技を組み立て、ひとつの作品をつくる。

**正面** 正面中央に2列、各列の外側に3列の隊形を左右にふたつずつつくる。飛行機などを組み合わせたウォール技で国際宇宙ステーションの形をつくる。

### 退場

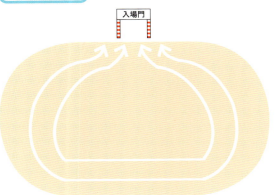

**技・動き** 礼
走って退場

**ポイント**
- 演技が終わり、見ていただいた保護者に対して礼をして、感謝の意を表す。
- 前列の左右の端から走って退場する。前列が退場したら後列も同様に退場する。
- 退場する際も素早く走ってしまりのある演技にする。

**正面** 退場する前に、正面に向かって横2列に並ぶ。観客席の保護者に礼をしてから、1列ずつトラックに沿って退場する。

| 作品例③ | **海から生まれたいのち** |

進化をテーマにした組体操です。隊形は変化しますが、前半の移動距離を短くすることで、テンポのよい作品に仕上がります。

## 入場

**技・動き** 走って移動

**ポイント**
- BGMを少し流してから移動する。
- 元気よく走って素早く立ち位置に向かう。
- 位置についたら、足踏みをしながら列を微調整する。

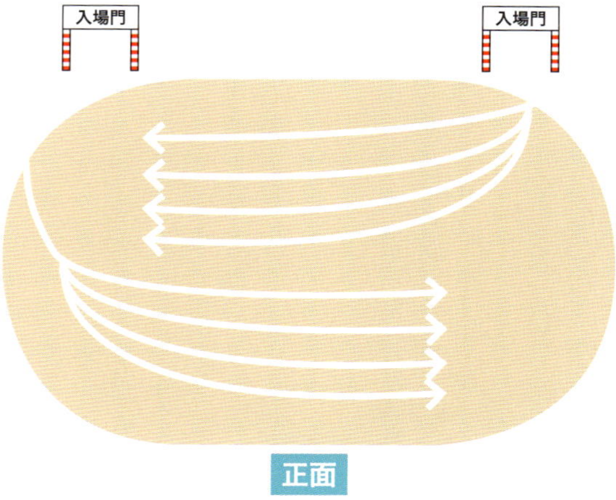

左右の入場門から走って入場する。左からの児童は前方、右からの児童は後方に向かってそれぞれ等間隔に4列並ぶ。列が美しく並ぶまで足踏みをしながら調整する。

BGM 1

## 隊形1

**技・動き** 仰向け
長座
片手支持
V字バランス
ブリッジ
肩倒立

**ポイント**
- 仰向けから長座をBGMのテンポに合わせて繰り返し行い、波立つ海面を表現する。
- 1人技を次々と行い、波のうねりを表現する。
- 前方、後方が別々の方向を向くことで、全体がより荒々しい海のようになる。

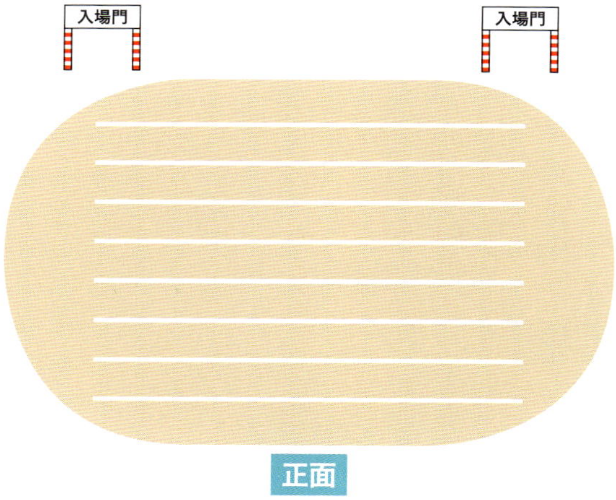

正面に向かって前方4列は左、後方4列は右を向く。1人技を次々に行い、テンポよく演技を進める。

BGM 2

## 隊形2

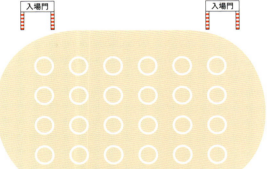

**技・動き** 補助倒立／すべり台　肩車／サボテン

**ポイント**
- 縦のラインが目立つ2人技で、海中での生命の誕生を表現する。
- 隊形を素早く変え、すぐに演技に入れるようにする。
- 補助倒立の次はすべて正面を向いて演技する。

正面　2人技へと移行する。正面から見て8人が縦6列に分かれて並ぶ。お互いに向かい合う。

## 隊形3

**技・動き** 扇／飛行機

**ポイント**
- 扇は海中の生物が大きく進化していく様子を表す。
- 飛行機は正面に向かって左を向いて行い、群れで泳ぐ魚を表す。
- 各技の時間が短いのでBGMは隊形2から続けて流す。

正面　先頭を基準に横4列、縦6列に並び3人技の準備をする。3人横に並んで正面を向く。

## 隊形4

**技・動き** 高速ピラミッド

**ポイント**
- 高速ピラミッドで、生物が海から陸上へ移動することを表現する。
- 笛のタイミングで素早く3回、技を繰り返す。
- BGMを変えて場面が転換した効果を出す。

正面　前方の横3列が正面を向き、後方の3列が入場門のほうを向いて隊形をつくる。高速ピラミッドの準備をする。

第2章　組体操の作品例　作品例③　海から生まれたいのち

## 隊形5

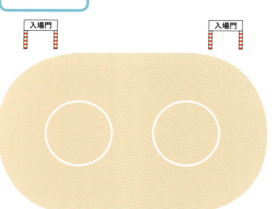

正面

**技・動き** 大トーテムポール
トーテムポール

**ポイント**
- 大トーテムポール、トーテムポールを組み合わせて恐竜を表現する。
- 円形に外側を向いた大小のトーテムポールで迫力のある演技を見せる。
- 人数が合わない際には、1段低い3人のトーテムポールをつくるなどして調整する。

ふたつの大きな円をつくり、外側を向く。大トーテムポールとトーテムポールを組み合わせて円をつくる。

## 隊形6

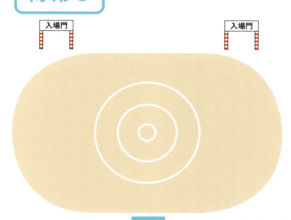

正面

**技・動き** ウェーブ

**ポイント**
- 静かな技ウェーブで、新たな進化の流れを表す。
- 美しい円にならない際には、手を組まずに上体を倒すウェーブにする。
- 静かなBGMでここから別の場面へと変わることを伝える。

トラックの外側を向き、中央に3重の円をつくる。

## 隊形7

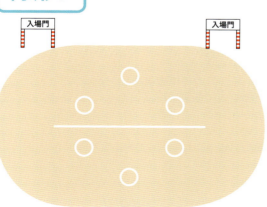

正面

**技・動き** 2重扇
5人扇
3人扇

**ポイント**
- 扇のウォール技で、新たな生命の広がりを表す。
- 中心の列で3人・5人扇をし、6つの2重扇で周囲を囲む。
- 列の中央に5人扇を集め、外側に3人扇を配置する。

グラウンドの中心に列をつくり、その列を囲むように6人ずつの集まりを6つつくる。全員正面を向く。

BGM 5

BGM 6

## 隊形8

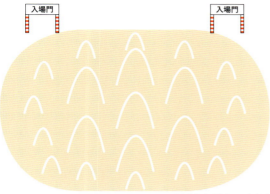

正面

**技・動き** 6人ピラミッド
3人ピラミッド

**ポイント**
- ピラミッドで人間とその築き上げた文明を表す。
- 中心の6人ピラミッドは上の人が立ち上がるので、補助をつける。
- 体力的に難しい場合は、6人ピラミッドの数を減らして調整する。

全観客に見えるように、トラックの外側を向き、6人ずつの集まりを中央に、そのまわりを囲むように、3人ずつの集まりを並べる。

## 隊形9

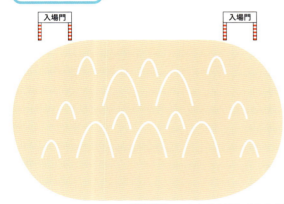

正面

**技・動き** 10人タワー
4人タワー
すべり台

**ポイント**
- そびえ立つタワーなどが未来へのさらなる進化を表す。
- 10人タワーは、数を減らしてもよい。
- 全部のタワーに補助を配置する。

中央5カ所に10人の集まり、間を埋めるように2〜4人がそれぞれ並ぶ。全員正面を向く。

## 退場

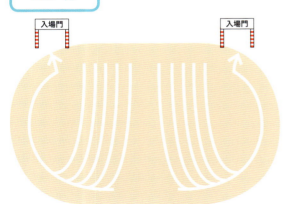

正面

**技・動き** 走って退場

**ポイント**
- 正面を向いて左右に分かれて集まり、門に近い端から走って退場する。
- 退場する際も素早く走ってしまりのある演技にする。

退場のBGMが流れたら足踏みをして、一度正面に向かってから走って退場する。

第2章 組体操の作品例 作品例③ 海から生まれたいのち

# 「運動会当日の欠席」と「運動会後」

運動会当日急な欠席者であわてないよう、事前に欠席者を想定して対策を考えておきます。運動会後はビデオで演技を振り返りましょう。

## ■欠席者が出た場合の対応

運動会当日に欠席や体調不良で参加できない児童がいた場合どう対応するのか、あらかじめ決めておく必要があります。

対応策は、減った人数で技をつくる、別のグループに混ざる、教師が参加する、この3つがあげられます。

減った人数で技をつくる場合、例えば3人サボテンで上に乗る児童が欠席した際には、土台のみで演技を行ったり、サボテンをつくったりして対応します。2人技で1人余る際は教師が参加してもよいでしょう。少人数技の場合やウォール技は、それほど問題はありません。

別のグループに混ざって技をつくる場合、児童の体格が、混ざる位置に合っているかが大切です。とくにピラミッドなどの土台に混ざることで、土台の高さが乱れてしまっては安全性にも影響が及びます。また、高さが出る技は多くなればなるほど、緊張感も増します。練習と違う動きをすることでケガをする可能性がある際は、減った人数で技をつくるようにしましょう。

> **欠席者が出た場合の対応**
> 1 減った人数で技をつくる
> 2 別のグループに混ざる
> 3 教師が参加する
> 欠席者が出た場合の対処法は、上記の方法を参考に各技に合わせ、あらかじめ決めておく。

## ■運動会後のビデオ鑑賞

運動会では、できれば記録用、翌年の指導用にビデオ撮影をしておきましょう。最近ではビデオカメラのほかにも、デジタルカメラ、スマートフォンなどでも手軽に撮影できるはずです。安定した場所に置き、全体がすべて見えるようにしましょう。正面から見える位置に設置すると児童の顔がわかり、演技や隊形も美しく見えるはずです。

運動会が終わった最初の授業では、興奮が冷めないうちに、撮影したビデオを全員で見ましょう。当日は拍手も耳に入らないほど緊張、集中していた児童もいると思います。ビデオを見ることで、タワーの高さ、ウォール技の迫力、1～2人技の統一感など改めて感動できます。

そして、1人ひとりしっかりとほめることが大切です。ひとつの作品をつくり上げた充実感がさらに増し、児童自身の成功、失敗も含めて、大きく成長する糧となるでしょう。

> **ビデオ撮影の注意**
> ・全体が見えるようにする。
> ・安定した場所に置く。
>
> **ビデオ鑑賞の意味**
> ・客観的に演技が見られる。
> ・成功も失敗も含めて改めて感じることができる。

# 第3章
## 組体操の指導のコツ

組体操を安全に行うためには、
ジョイントや力のバランスを
頭と体で覚えてから実践しましょう。
体格、腕の長さ、体力など、児童1人ひとりの特徴を
見極めて、適材適所に配置することがポイントです。

| 組体操の準備 |
|---|

# 組体操を指導する前に

組体操は、児童に決して無理をさせないように練習を行い、ケガのないようにします。スケジュールを立てる際も、無理のない内容にしましょう。

## ■組体操の目的

組体操の目的は心と体を育むことです。日常の生活ではあまり経験しない運動をすることで、バランス感覚や体幹が鍛えられます。とくに、自分と相手との体の違い、体の弱い部分と強い部分など、日常の運動ではわかりにくいことが、わかるようになります。

また、各技はバランスで成り立っています。多人数技などの大技に限らず、ふざけていては、ケガをしてしまうことがあります。これは相手を思って真剣に行えば防げることです。お互いに体を任せて真剣に取り組むことは、相手を思いやる気持ちを育み、友達との一体感が生まれます。もちろん、適材適所に児童を配置させ、決して無理をさせないことは教師の役目です。

児童たちは決められた時間に、決められた動きを行うことで、集団で行動することの約束や責任感が生まれます。時間や約束を守る姿勢、人間的な成長は、見ている保護者や低学年の児童に感動を与えることでしょう。

## ■組体操のスケジュール

組体操の準備は、本番のおよそ6週間前から行います。まずは教師同士で打ち合わせをし、テーマや技、曲の選定、応援人員の要請、練習計画、全体の指導責任者などを決めます。技の選定については自分たちで試し、無理のないよう安全性を確かめておきましょう。

本番の3週間前には児童を集めて、オリエンテーションを行い、組体操の心構えやビデオなどを見せて全体像を把握できるようにします。

本番の2週間前から体育館で練習をはじめます。練習は、1回の練習で2つ～4つの技を行い、次の練習では新たに2つ～4つの技と前回の技の復習をします。

ある程度の技を習得したら、本番1週間前に多人数技を数回練習し、音楽を入れて隊形の移動を含めて練習します。本番数日前にはグラウンドで練習を行います。小石やゴミ、ガラス片などを拾い、ケガの予防をします。通して行い、応援人員の配置を決めます。

### 本番までのスケジュール

**6～4週間前**
どんな組体操にするのかテーマや技、曲を決める。練習計画や全体指導担当者などを決める。

**3週間前**
教師用・児童用に作品の隊形、流れを書いたプリントをつくる。児童を集めて、組体操の心構えやビデオなどを見せて全体像が把握できるようにする。

**2週間前**
体育館で練習をはじめる。1回の練習で難易度に合わせて2つ～4つの技を行う。次の練習では、前回の復習をした後に、新しい技を行う。

**1週間前**
難易度の高い技を行う。技をいくつか組み合わせて流れで行なう。本番数日前、グラウンドで練習する。小石やゴミ、ガラス片などを拾い、ケガの予防をする。音楽、移動するタイミングを確認しながらすべての技を通して行う。応援人員の配置を決める。

## ■児童への指導方法

　練習をはじめる前に、児童に対して真剣に行うこと、素早く動くこと、目の届かないところで練習しないこと、練習中にはしゃべらないことを約束させます。ケガは緊張感や集中力が切れた際に起こります。技ができるようになった際は、とくに注意が必要です。また、練習・本番にかかわらず、腰より高くなる技は補助を行います。

　各技の練習では、時間内にできなかった児童がいたら、休み時間や放課後に練習を見てあげましょう。また、ビデオに撮って見せることで客観的に失敗の原因が見えるようになります。

　児童の組み合わせは、体格や体力的なことを考慮して適材適所に配置することが大切です。それでも技の形が多少悪かったり、ジョイントの位置がずれたりすることもあります。安定してケガの心配がなければ、そのまま進めてもよいでしょう。ここで無理に変えてしまうとバランスを崩して失敗することもあるので注意します。

### 指導する際のポイント

- 技ができるようになった際に、油断してケガをしやすいので注意する。
- 適材適所に児童を配置する。
- 技の形が多少悪くても、安定していてケガの心配がなければ、そのまま進めてもよい。
- 以下のルールを徹底させる。

> 真剣に行う。
> 素早く動く。
> 目の届かないところでは絶対に練習しない。
> 練習中はしゃべらない。

## ■補助のポイント

　組体操において、演技を安全に行うためには、補助はとても重要です。高さが出る技や難しい技では、必ず補助をつけ、万が一上から落ちても受け止められる位置に待機します。基本的には、腰より高い位置で立ち上がる技、肩より高くなる技では、必ず補助をつけます。

　また、本番では、外側からよく見て、形やジョイントがずれていたら、整えることも補助の役目です。10人タワーでは、1人の補助が常に近づいて目を離さないようにしましょう。

　組体操では、高さが出る技が多く、難しい技もたくさんあります。運動会当日にどこにどの教師がつくのか決めて安全に行えるよう事前に準備をしておきましょう。

立ち上がって高さが出る技では、前後に倒れてもカバーできるよう補助する。

実際の運動会での補助。高さの出る技に補助がつくことで、安全に演技できる。

**組体操の基本①**

# 能力に合わせた指導

年齢が近い児童でも、体格や運動能力には、かなりの違いがあります。その違いに合わせて適材適所に役割を決め、指導するようにしましょう。

## ■能力によって役割を決める

　小学生は、まだ体ができ上がっていないことが多く、体格や運動能力にかなりのバラつきがあります。組体操では、各児童の体格や能力を考慮して、役割や行う技を決めます。こうした考えの上で組体操を行うことで、無理をすることがなく、ケガをする心配も軽減されます。最初に見るのはもちろん1人ひとりの体格です。身長が高い人、低い人、体格ががっちりしている、細いなど体格の違いから、技を行う組み合わせを決めます。身長が高い児童や体格ががっちりしている児童は土台に、身長が低い児童や体格が細い児童は、上に乗るように組み合わせてください。ただし、技が成功しないのにいつまでも、同じ児童と組み合わせるのはやめましょう。指導者が一方的に決めるのではなく、多少体格の違いがあっても、児童が納得するように、組み合わせを変えることも大切です。

　また、次に考えなければいけないのは、運動能力の違いです。いくら身長が高くても、土台にするには力不足の場合など、多少細くても、力があって土台を任せられるような場合、運動能力も考慮したほうがよいでしょう。こういった能力は、日頃の体育の授業や生活から、しっかりと見極めるようにしましょう。

同じ学年の児童でも身長や体格に違いがある。

### 役割を決めるポイント

- 身長が高い人、体格ががっちりしている人には土台を任せるようにする。
- 身長が低い人、体格が細い人は、上に乗るようにする。
- 体格と運動能力を考慮して、役割を決めるようにする。
- 児童が納得する組み合わせを考えるようにする。

## ■土台の高さをそろえる

　組体操において、土台はとても重要です。人数が多くなると、ほとんどの技で土台が必要になり、とくに馬で土台をつくることが多くなります。この土台がしっかりしていないと、ケガをしたり、技のバランスが崩れて美しく見えなくなってしまいます。

　土台を組み合わせる際には、体格や運動能力に加えて、腕の長さも確認するようにしましょう。2人以上の馬が土台になるピラミッドなどの技では、肩の高さを合わせることが大切です。腕の長さが合っていれば、肩の高さが合い、土台が安定します。一方、タワーなどの立ち上がる土台は、背の高さを合わせると、肩の高さが合い、安定します。3人サボテンなどの技は、腰の高さを互いに調整するようにしましょう。

### 技別土台を組み合わせるポイント

**腕の長さを合わせる技**
6人ピラミッド、8人ピラミッド、10人ピラミッド、5人やぐら、9人やぐら、やぐらウォールなど

**肩の高さを合わせる技**
4人タワー、10人タワーなど

**腰の高さを合わせる技**
3人サボテン、5人サボテン、サボテンウォールなど

### 腕の長さが同じ土台

腕の長さが同じ

肩の高さが同じなので、安定する

腕の長さが同じだと、馬になった際に肩の高さが合い、安定する。

### 腕の長さが違う土台

腕の長さが違う

肩の高さが違うので、安定しない

腕の長さが違うと、馬になった際に肩の高さが合わず、不安定になる。

## ■日頃の授業でできること

運動会は、秋であれば夏休み後すぐ、春は1学期がはじまってすぐです。組体操の練習の時間は限られているので、日頃の授業で、少しでも組体操につながる運動を取り入れましょう。例えば、水泳の授業で、肩車やサボテンの練習をしたり、マット運動の授業で、補助倒立の練習をしたりするのもよいでしょう。プールの中であれば、肩車は力を使わずに感覚をつかめ、マットの上であれば思い切って倒立ができます。また、児童の運動能力を見る上でも重要なので、日頃の体育の授業も、組体操につながることを意識しましょう。

## ■組体操では信頼関係も大切

ここまで、児童の体格や運動能力に合わせて指導を行うことを説明しました。しかし、組体操においては、そういった体力的なことよりも、児童同士の信頼関係が、技のできを左右します。体格も合っていて、運動能力が高い2人が組んでも、日頃から仲が悪い児童同士であれば、うまくいかないことがあります。逆に、体力的に不安がある2人が組んでも、日頃の仲のよさが後押しして、成功することがあります。うまくいかない児童がいれば、本人たちと相談し、臨機応変に組み合わせを変更してみましょう。

組体操は、集団でひとつのものをつくり上げる数少ない種目のひとつです。児童は信頼関係がよくなれば、いつも以上に力を発揮します。運動能力だけでなく、日頃から児童の相性も見て、組体操に生かしましょう。

## ■人数が減った際の対処法

組体操の練習を進めていくと、欠席やケガなどで、人数がそろわないことがあります。そのような場合に備えて、教師は児童の動きや教師間でどのような対応が必要か、常に考えておきましょう。具体的には、ピラミッドなどの多人数技で欠席者が出た場合、少人数のピラミッドやほかの技の組み合わせに変更したり、児童の代わりに教師が加わったりします。教師は体格がかなり違うので、土台などで参加しましょう。また、ほかの児童のグループと合わせて、予定していた技を行う方法もあります。

運動会当日にも不測の事態が起こる可能性があります。練習中から対応して準備しましょう。

### 人数が減った際の対処例

**少人数の技を組み合わせる**
多人数技の児童が欠席の場合は、少人数の技に切り替えて、組み合わせを考える。
例：10人タワーで1人欠席者が出た場合、4人タワーと5人やぐらにする。

**教師が参加する**
教師が欠席者の代わりに、技に加わる。体の大きさが違うので、土台などで参加する。

**ほかのグループと組み合わせる**
少人数技では、2人技を3人技にするなど、人数を増やした技にする。
例：3人扇の1人が欠席した場合、ほかのグループと合わせて、5人扇にする。

## 教師・児童が心掛ける5つのポイント

### 教師が心掛けること

#### ① 児童をよく見る
組体操の授業の際はもちろん、日頃の授業や日常生活においても、児童の行動をよく見るようにする。児童の運動能力や信頼関係を把握し、技の組み合わせを考えるようにする。

#### ② 無理のない指導をする
組体操は、高さが出る派手な技を優先して考えてしまいがちだが、指導できる教師の人数と時間には限りがある。その都度無理のない技や指導を心掛けるようにする。

#### ③ 教師同士の確認作業
1～2学年分の児童が、全員で行う組体操では、すべての児童に目が行き届かない。そのため、指導をする教師同士で、授業を終えたら、その日の進捗状況やできごとを互いに確認する。

#### ④ 児童にやる気を出させる
急に組体操を行うといっても、児童は不安が多い場合がある。そこで、前の年の運動会の映像を見せるなどして、目標を示し、児童の気持ちを高めるようにする。

#### ⑤ 事前の準備を怠らない
多くの児童を、限られた教師で指導するため、必ず事前の準備を怠らないようにする。本番までのスケジュールや万が一ケガをしてしまった際の対処法を、教師間で必ず決めておく。

### 児童が心掛けること

#### ① 1つひとつの技を真剣に行う
組体操の技は、どの技もふざけていては美しく完成させることはできない。すべての技を、真剣に行い、完成度を高め、ケガのない組体操を心掛ける。

#### ② 相手を信じる
組体操の技の多くは、2人以上で行う。技を行う際に、不安や恐怖心があっては、成功させることはできない。一緒に技をつくる相手を信じて演技をする。

#### ③ 素早く次の行動をする
運動会までの練習時間には限りがあり、少ない時間で多くの技を完成させなければならない。教師の指示に従い、隊形や技から技への移動はできるだけ素早く動くようにする。

#### ④ 責任感を持つ
練習は、大人数で行うため、教師の目が行き届かないことが多い。そのような場合でも、集中力を切らさず、教師の話をよく聞き、責任感のある行動を心掛ける。

#### ⑤ 組体操を楽しむ
組体操は運動会の花形であり、多くの人が注目する種目。ひとつの目標に向かってつくり上げるものなので、一致団結して全力で取り組み、楽しむようにする。

> **組体操の基本②** ジョイント
>
> 組体操の技をケガなく成功させるための、重要なポイント。どの技にも関係することなので、しっかりとジョイントの仕組みを理解しましょう。

## ■ジョイントとは

組体操では、2人技以上になると手や足を組み、体を接することで技を完成させることが多くなります。この手や足を組むことを「ジョイント」といいます。ジョイントは手足を組む以外にも、土台の上に乗る、体と体が接することも含みます。

ジョイントは児童同士をつなぐほか、体格を調整する役割もあります。同じ技でも体格が違う児童が行なう場合、ジョイントする部分を手首や腕に変えるなどして、技をつくることができます。

組体操の技における、美しさや安全性は、どの部位をどのような形でジョイントして支えるのかが重要なポイントとなります。

腕立ての人を持ち上げる技、2段腕立て支持。この持ち上げている手もジョイント。

## ■ジョイントの選択

組体操の技では、体の部位をどのようにつかむか、支えるかが大切になります。そこで、まず考えるのが、どのジョイントを用いるかということです。見た目が同じような技でも、行う人数や体格によって、つかみ方や支え方は大きく異なります。ジョイントは自分の体に合うものを用いることで、技が美しく見え、ケガも少なくなります。

下の写真のように、体格の違いでジョイントは変わります。手足の長さをジョイントで調整すれば、完成した技の形はバランスよく見えます。ジョイントは各児童に合うものを選びましょう。

手の長さを補うために手をにぎるジョイントにする。

手首をつかむジョイント。

## ■ジョイントの種類

手をにぎるジョイント。接している部分は少ないが、腕の長さを生かした技に向く。
**使用技：3人扇、5人扇、2重扇など**

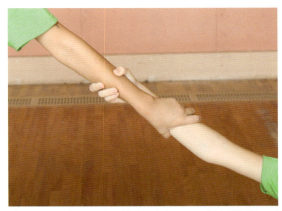

腕をつかむジョイント。腕をつかむので、握力が必要。バランスにより、つかむ部分を調整する。
**使用技：3人扇、5人扇など**

手首をつかむジョイント。手首の引っ掛かりが強度を生む。
**使用技：5人扇など**

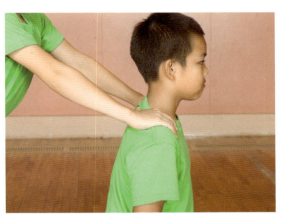

肩をつかむジョイント。肩を強くつかみすぎないようにする。
**使用技：飛行機、6人ピラミッドなど**

腰に手をつくジョイント。技によって、つく手をずらして形を調整する。
**使用技：トーテムポール、自由の女神など**

肩を組むジョイント。タワーでは上の人の足がすべるのを防ぎ、5人扇では、体が離れないようにする。
**使用技：4人タワー、10人タワーなど**

## ■ジョイントの種類

頭を足の間に入れるジョイント。土台同士の前後の間隔が、離れないようにする。
**使用技：大トーテムポール、8人ピラミッドなど**

足首を持つジョイント。足を受け止めたり支える際に行う。
**使用技：補助倒立、3人すべり台など**

ひざの下を持つジョイント。上に持ち上げる技は、ひざの近くを持つことで、重さが軽減できる。
**使用技：長座腕立て支持、飛行機など**

指を組むジョイント。指を組み、網のようにする。上の人の足を乗せて、持ち上げる。
**使用技：騎馬、エレベーターなど**

ひざを持つジョイント。ひざを包むように持ち、支える。上の人がひざを伸ばせるようにする。
**使用技：サボテン、3人サボテンなど**

腕を交差させるジョイント。土台の人が、体を密着させ、すき間をつくらないようにする。
**使用技：6人ピラミッド、10人ピラミッドなど**

## ジョイントをした際の失敗例

ジョイントは、1人でも失敗すると、全体の技が崩れ、ケガにつながる危険性があります。どのような失敗が多いか確認し、ケガのない組体操にしてください。

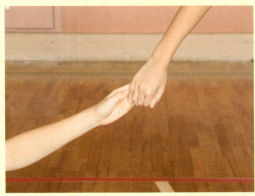

扇では手をちゃんとにぎれていないとすぐ手が離れてしまい、ケガをする危険性がある。

タワーの土台では手が重ならないと、上の人が足をすべらせた際に、止めることができず、落ちてしまう。

エレベーターではひざを包むように持たないと、上の人は不安定になり、バランスが崩れてしまう。

騎馬やエレベーターでの指を組むジョイントの際には、必ず足の中心を乗せなければならない。つま先だけだと、そのまま足が抜けてしまう可能性がある。

補助倒立では足首を持つ際に、怖がってしまうと、体で受け止め、足が顔にぶつかってしまう。また、倒立する人が調整できずに崩れてしまう。怖がらずに、手を前に出し、足首をつかむようにする。

ピラミッドなどの土台では腕を交差させていても、体が密着しなければ、すき間ができてしまい、上の人が落ちてしまう。

## ■似ている技でも違うジョイント

　組体操は、似ている技でも、ジョイントが違う技が数多くあります。ピラミッドのように、人数が変わるだけで、基本的な形が変わらないような技は、ジョイントにもあまり変化がありません。タワーや、やぐらなどもそうです。しかし、扇のように平面的な技や、騎馬のように持ち上げる技は、人数の変化でジョイントの形も変わります。

　例えば、3人扇と5人扇は、両側に2人増えることによって、ジョイントが変わります。3人扇では、両側の2人が体を開くので、手をにぎるジョイントをして、なるべく横に大きく広がります。しかし、5人扇では、広がりすぎると逆に形が崩れてしまうため、中央の3人が肩を組み、外側の2人は手首をつかむジョイントをします。

　また、騎馬とエレベーターは、どちらも1人を数人で持ち上げるという技ですが、騎馬では腕を交差させて前の人の肩に手を乗せ、腕と指を組むジョイントを利用して、上の人を支えます。しかし、エレベーターでは、向かい合った人同士で上の人のひざを包むように持って支えます。

　このように、組体操では、見た目は似ている技でも、ジョイントや技の形自体が変わるものがあるので、各技のジョイントを押さえて指導するようにしましょう。

### 3人扇と5人扇

3人扇では、手をにぎるジョイントを行う。なるべく少人数でも大きく開くためのもの。

5人扇では、中央で肩を組み、外側は手首をつかむジョイントをする。開きすぎるのを防ぎ、形を調整するため。

## 騎馬とエレベーター

騎馬では、腕を交差させ肩に手を乗せることで、イスのようにする。これが支えとなり、持ち上げやすくなる。

エレベーターでは、両側からひざを包むように持つことで、上の人の足が伸びても崩れないように支えることができる。

### 6人ピラミッドと8人ピラミッドの違い

　6人ピラミッドと8人ピラミッドは、正面から見ると形が変わらないように見えます。しかし、横から見ると、上に積み上がっていくだけのピラミッドに、頭を足の間に入れるジョイントを行う2人を追加することで、立体感を出しています。これにより、上がりやすくなるだけではなく、安定感があり、崩れにくくなります。

## 組体操の基本③ 力のバランス

組体操の技を行う際に、力のバランスはジョイントと並んで大きなポイントになります。技によって異なる力のバランスについて、よく理解しましょう。

### ■力のバランスとは

ジョイントが体の結合部分（つかみ方、支え方）のポイントであったのに対し、力のバランスとは、どのように乗せ、どの方向に持ち上げるか、という力の方向性のことです。組体操の技においては、どの技にも力を伝える適切な方向や力が伝わりやすい場所があり、その方向を理解することで、技をより美しく安全に見せることができます。

しかし、肩や腰など強い部分でジョイントしていないと、力を適切な方向に伝えることはできません。ジョイントと力のバランスは、別々に考えるのではなく、相互に作用するものだと考え、理解するようにしましょう。

1人技にも力のバランスはある。このように、上半身で体を支える場合も多い。

### ■技による力のバランスの違い

力のバランスは、技の形によって大きく異なります。多くの技は3つの型に分けられます。

まず、ピラミッドやトーテムポールのように、同じ形や異なる形を組み合わせて積み上げる、積み木型の技。次に、扇のように、手を引っ張り合うことで形をつくる、つり橋型の技。最後に、飛行機やすべり台のように、体の一部を持ち、まっすぐ持ち上げたり、前に持ち上げたりする、持ち上げ型の技です。

どれも力のバランスを取って姿勢を保ちます。バランスを取るためには、力がどの方向に掛かっているのかそれぞれの特徴を押さえましょう。

2段ひざ曲げ仰向け腕立ては、同じ形を積み上げる積み木型の技。

3人扇はつり橋型を代表する技。

## ■力のバランスの作用（積み木型の技）

　多くの技が分類される積み木型の技は、ピラミッドやタワーなど、高さが出るものが多いのが特徴です。その分、見映えがよく、人気も高い傾向にあります。その半面、落下の危険が増え、ケガをする可能性が高くなるので、力のバランスをしっかりと把握しましょう。

　同じ形を積み上げるピラミッドのような技は、上に乗る人の力（体重）が土台と地面にしっかりと伝わるように、土台の人の手足に力が伝わりやすい肩や腰に上の人の手やひざを乗せることが大切です。この際、下へ向かう力を支えるために、力が外側に逃げないようにします。力が内側へ向くように土台は腕を交差させて、体を密着させましょう。力が外側に逃げてしまうと、すき間ができて上の人が落下する危険があります。

　また、やぐらやトーテムポールのような、異なる形を組み合わせる技も、上に乗る人の力が土台や地面に伝わるようにします。1人ひとりの負荷は大きくないので、力が外に逃げる心配はありません。しかし、肩や腰から大きくずれた位置に手足を乗せると、力が下に伝わりにくくなり、土台が不安定になって上の人がバランスを取りにくくなってしまいます。

　積み木型の技は、下へ力が伝わるように、手足を乗せる位置をできるだけ肩や腰にして、中心に力が集まるようにしましょう。

ピラミッドは、腕を交差させることで、体が密着し、内側へ力が集まるようにする。

トーテムポールは、肩や腰に手足を乗せ、地面や土台の人に力を伝えることで、バランスがよくなり、安定する。

## ■力のバランスの作用（つり橋型の技）

　つり橋型の技は、ジョイントした部分を中心にそれぞれ反対方向に力が向かうことで、バランスが取れます。

　例えば扇は、外側の2人のバランスを取る技です。中央の人が外側の力（体重）を釣り合わせることで形がつくられています。このため、中央の人は必要に応じてジョイントの位置を左右で変えて、バランスを取るようにします。

　このようにつり橋型の技では、中央の人に負担が多くかかります。1人で2人以上の力を釣り合わせて、バランスを取らなければいけないので、体格のよい人を選ぶようにしましょう。

5人扇は、4人の力を中央の1人が調整しなければならない。できるだけ体格のよい人を選ぶようにする。

## ■力のバランスの作用（持ち上げ型の技）

　持ち上げ型の技は、積み木型の技と似ています。飛行機や騎馬などがその1例であり、持ち上げられる人の力（体重）を持ち上げる人が支えて、バランスを取ります。

　飛行機は、土台の人に力が伝わりやすいように、腕をまっすぐに伸ばします。腕が曲がっていると力が伝わりにくく、腕の力だけで体重を支えることになります。全身をひとつの柱のように意識すると、支える負担も少なくなります。また、土台の人は力の掛かる方向に合わせて持ち上げることもポイントです。上の人は、土台の人に力を向けることよりも、土台の人に任せて、技の形を意識するようにしましょう。

　騎馬などの多人数で持ち上げる技は、土台の人の力が合うように、タイミングを合わせて持ち上げることがポイントになります。

　前に持ち上げる（支える）技は、土台の人の前方で固定するイメージで行います。すべり台のような技は、前に押し出しすぎると、前の人はバランスが取れなくなってしまいます。ゆっくりと固定するように手を前に出しましょう。

　持ち上げ型の技は、持ち上げる人よりも、持ち上げられる人が支えることを意識して、力のバランスを取りましょう。

飛行機は、力の方向を合わせることで、上の人も土台の人も負担が軽減する。

すべり台は、腕を伸ばして固定することで、バランスが取れ、形も美しくなる。

### 力のバランスのタイミング

　力のバランスは、タイミングも重要なポイントになります。とくに大切になってくるのが、複数の土台でつくる技です。複数人で持ち上げる技では、持ち上げる人のタイミングがずれると、力のバランスが偏ってしまい、持ち上がらなくなってしまいます。

　右の写真のように、騎馬で後ろの人が先に立ち上がると、上の人の力がすべて前の人に掛かってしまい、立ち上がることができません。立ち上がる際は、全員が同時に立てるように、声を掛けてタイミングを合わせるようにしましょう。

後ろの人が先に立ち上がることによって、上の人の力が前の人に掛かって立ち上がれない。

## ■手の形を調整する

　力のバランスを考える際に、手の形を調整するのは大切なことです。指を開くと力が伝わりやすいですが、指を閉じると位置が安定することもあります。決まりはありませんが、トーテムポールなどのしっかりとした土台をつくる技は指を開き、指を開く場合は肩や腰のカーブに合わせて形を調整することで力が伝わりやすくなります。

　手を乗せるスペースが狭い技では指を閉じるとよいでしょう。騎馬の後ろの土台の人は、スペースの狭い肩の上部にジョイントするので、指を閉じます。また、飛行機の上の人も土台の人の肩の上部に手を乗せるため指を閉じます。

　それぞれ技によって使い分けましょう。

指は開いている

指は閉じている

技によって手の形を調整すると効果的。

## ■力のバランスの例外

　力のバランスには、その技の形や性質からいくつかの例外があります。基本は肩や腰のように、手や足に直接力が伝わる部分に手足を乗せますが、積み木型の技の場合、上がっていく際に足場がない場合があります。そのような際には、足場として背中に乗ることがあります。ピラミッドや自由の女神のように、1人の肩と腰に手足が両方乗っている技や、10人タワーのように少ない足場で体を支えている技の場合は、土台の人の背中を足場にして上がります。できるだけ素早く上がることを心掛けましょう。

　もうひとつの例外は、トーテムポールのように体格の違いによって手足の位置を変える技です。トーテムポールは、体格によって手を乗せる位置が変わるので、あまり体重がかからないような1番上の人であれば、背中に手をついても構いません。この場合は、肩や腰にできるだけ近いほうに手をつきましょう。

　このように、いくつかの例外はありますが、基本的には力が伝わりやすい、肩や腰に手足を乗せることは変わりません。どうしても肩や腰以外に乗せなければうまくいかない場合にのみ、背中を用いるようにしましょう。

足場がない場合は、背中に足を乗せてもよい。

手を背中に乗せる際には、肩や腰に近づける。

## ■手足を乗せる際の注意点

　土台に乗る際は、手や足の位置に気をつけましょう。とくに積み木型の技において、適切な位置に手や足を乗せることが、力のバランスを考える大切なポイントになります。

　乗せる位置は、体を支える手足の付け根である肩と腰に近いほど、下へ力が伝わりやすくなります。また、肩や腰の部分に乗ると土台の人の痛みもそれほどなく、負担も少なくなります。肩と腰から離れるほど、腹筋や背筋が必要になり、痛みも出て、手足への力がうまく伝わりません。

　土台に手や足を乗せる際は、手のひら、ひざなどのかたい部分が乗るため、肩や腰に乗せても場所によっては痛みが出ることがあります。痛みで土台が安定せずに、形が崩れてしまうこともあります。上に乗る際は、位置を調整させたり、接する面積を増やしたりして、痛みを軽くしましょう。土台はある程度の我慢が必要ですが、耐えられない痛みを我慢させることは、直接的なケガだけでなく、上に乗る人にとっても危険なので、無理をさせないように指導しましょう。

　技によって手足を乗せる位置は様々に変化します。乗せる位置が変わったとしても、土台の人に痛みがなく、力がうまく伝わる位置に手足を乗せることを常に心掛けましょう。

上に乗る際には、肩、腰など、できるだけ力が下に伝わる位置に乗るようにする。

写真の赤い部分に乗る。肩に足や手を乗せる際には、腰よりも位置の確認が必要。

## ■土台の形の注意点

　手足を乗せる際に気をつけるのは、上に乗る人だけではありません。土台の形も、手足の乗せ方と同じくらい重要です。

　土台となる馬の背中がまっすぐになっていないと、上に乗る人は乗せている足が安定せず、力が伝わりにくくなります。タワーのような立ち上がる技も、土台の人の首の付け根の、足場のスペースが曲がっていると、足をすべらせてしまう可能性があります。

　土台は、乗る人の力が伝わりやすい形を考えてつくるようにします。上に乗る人の位置と土台の形が美しい技をつくり上げます。

背中がそっていると、上の人の手足がずれてしまい、安定しなくなる。

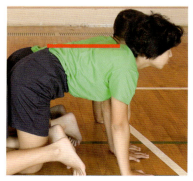

背中がまっすぐになっていると、上に乗る人も安定し、技が崩れる危険も少ない。

## ■力が伝わりやすい適切な位置

**腰**

土台の足へと力が直接伝わる。腰骨のあたりだと痛みもそれほどなく安定する。積み木型の技に多い。
使用技：3段バランス、トーテムポール、6人ピラミッドなど

**肩**

土台の腕に直接力が伝わる。肩甲骨のあたりに手をつき、内側へ入りすぎないようにする。
使用技：3人すべり台、5人やぐら、自由の女神など

**太もも**

上に乗る人の体の傾きが少ない5人サボテンなどでは、太ももの付け根に乗ると足に力が伝わりやすい。
使用技：サボテン、3人サボテンなど

**前肩**

肩と同じように土台の腕に力が直接伝わる。腕の付け根あたりに乗せると痛みは少ない。
使用技：2段ひざ曲げ仰向け腕立て

**首の付け根**

体の中心に力が伝わる。軽く頭を上げることで、足を乗せる位置ができる。タワーで用いる。
使用技：4人タワー、10人タワー

**肩上部**

やや肩甲骨に近い位置を通り、体の中心に力が伝わる。飛行機で用いる。
使用技：飛行機

第3章 組体操の指導のコツ　組体操の基本③　力のバランス

# 組体操の指導① 指導プランをつくる

組体操の練習時間は限られています。その限られた時間を最大限に利用した、無理のない指導プランをつくりましょう。

## ■組体操の指導プランとは

組体操の指導プランは、基本的に8～10日を目安にしてつくるようにします。その際、まず児童が何人いるのか、何人の教師で指導をするのか、そしてどのような技を行うのかを明確にしましょう。それが終わったら、1日ごとに、どういった指導を行うのか、細かく考えていきます。指導プランの項目は、その時間の練習場所、指導目標と内容、教師の役割、事前に準備するもの、児童の動き、児童を評価するポイントなどがあります。

1日ごとの指導プランをつくることで、本番までに何をしなければいけないのか、指導目標が達成できたのかなどを教師同士で確認することができます。

### 指導プランの内容例

**練習場所**
体育館か校庭か明記する。

**教師の役割**
指導責任者と個別指導の教師を明記する。

**指導の内容と指導のポイント**
その時間の、指導の具体的な内容と指導のポイントを記載する。

**児童の動きと評価のポイント**
その日の児童の動きの詳細と評価するポイントを明記する。

## ■指導プランをもとに役割を決める

指導プランをつくったら、それをもとに、指導をする教師同士で話し合いをします。指導する教師は、指導全体の責任者である「指導責任者」、個別に児童を指導する「個別指導者」、曲の準備をする「曲担当者」、ナレーションを準備する「ナレーション担当者」などがあります。

指導全体の責任者は、テーマをもとに組体操の構成を指導し、教師や児童の配置などを中心になって考えます。

曲担当者は、演技の際に流す曲の選定、BGMの作成を行います。テーマに合った曲や、テンポに変化をつけた曲を選ぶようにしましょう。その年に人気になった曲を選ぶと、児童のやる気も向上します。

ナレーション担当者は、テーマに沿ったナレーションを考えます。技の形や隊形を考慮して、何を表現しているのかがわかる内容にしましょう。

このように、役割を決めて練習に臨み、教師同士一丸となって組体操を成功させましょう。

### 教師の役割一覧

**指導全体の責任者**
テーマをもとに、組体操の構成を中心になって指導する。教師や児童の配置なども考え、どこに誰がいるのかを把握する。

**曲担当者**
演技の際に流す曲を選び、BGMを作成する。曲のテンポが単調にならないようにする。場面の雰囲気に合った曲を選び、ほかの教師にも意見を聞いて、最終的なBGMを作成する。

**ナレーション担当者**
テーマや場面に合ったナレーションを考える。その際に何を表現しているのかが、わかるようにつくる。また、ナレーションには演技に参加できない児童をあててもよい。

# ■体育館とグラウンドの指導の違い

　組体操を練習する場所として、体育館とグラウンドがあります。ふたつの場所での指導には違いがあり、体育館では組体操初期の指導を、グラウンドでは本番に向けての仕上げの指導を行います。これは、グラウンドで技のポイントを教えるとなると、広くて児童全員に指導することができませんが、体育館であれば児童全員に教師の目が行き届き、しっかりと指導ができるからです。

　初期の体育館の授業は、組体操の説明からはじめます。組体操の楽しさや、技の紹介と行う際の注意事項を児童に伝えます。児童に魅力が伝わったら、次からは技の指導をはじめます。1人技から徐々に人数を増やし、すべての技を体育館で習得します。もし、少人数の技で苦戦したとしても、体育館の壁やマットを使い、技ができるように指導しましょう。技を習得したら、全体の流れを意識した練習を行います。

　体育館での指導を終えたら、グラウンドでの仕上げの指導になります。本番の際の実際の入退場や隊形移動の練習・調整を行います。体育館よりもグラウンドのほうが広いので、より児童の動きに注意して、指導に臨みます。隊形などの指導が終わったら、最後まで通して演技をしましょう。最後に、リハーサルを行います。リハーサルでは、本番のように、観客がいるつもりで演技をするように、指導します。

　すべての練習が終わったら、児童たちの演技のよいところを認め、本番に臨みましょう。

## 場所別指導方法の違い

**体育館での指導**
- 組体操の趣意、注意点の説明
- 各技の詳細な指導
- 児童の組み合わせ・検討
- つながりを意識した練習

**グラウンドでの指導**
- 隊形移動の練習
- 各技の確認
- 実際の入退場、隊形移動の位置確認と調整
- 最初から最後までの通し練習

# ■組体操を行う前に

　組体操は集団で行う「演技」です。演技をするためには、技の完成度を高めることも必要ですが、その前に身だしなみをきちんとするなどの準備が大切です。

　組体操を行う前に、気をつけるべきことは5つあります。

　準備運動を必ず行うこと、服装を整えること、手足の爪を切っておくこと、アクセサリーなどを身につけないこと、髪を結ぶことです。

　これらに注意することで、ケガの予防や人に見せるための意識を高めます。教師は必ず確認、徹底させて、集団で行動するにふさわしい身だしなみとケガのない組体操にしましょう。

## 組体操開始前の5つのポイント

① 準備運動を必ず行う
② 服装を整える
③ 手足の爪を切っておく
④ アクセサリーを身につけない
⑤ 髪を結ぶ

## ■練習までの流れ

| 時期 | 行うこと | 用意するもの |
|---|---|---|
| 練習6週間前〜 | ●**組体操に向けた基礎づくり**<br>組体操で行う技の基礎練習を、体育の授業に取り入れる。 | |
| 練習4週間前 | ●**全体の指導責任者の決定**<br>全体の指導責任者を決める。全体の指導、運動会までのスケジュールを管理する。<br>●**組体操の内容を考える**<br>全体のテーマ、構成などの基礎を考える。今後の教師同士の打ち合わせに活用する。 | □組体操の資料DVDや本<br>□前年度の映像 |
| 練習3週間前 | ●**教師同士の打ち合わせを行う**<br>責任者がこれからの指導について、全体のスケジュールを説明する。曲担当者、ナレーション担当者を決める。責任者は、打ち合わせた内容をまとめ、管理職に報告する。 | □組体操の資料DVDや本<br>□作成したスケジュール |
| 練習2週間前 | ●**再度教師打ち合わせを行う**<br>各担当者が用意した資料に目を通し、最終的なテーマや曲、ナレーションの決定を行う。<br>●**内容の調整を行う**<br>教師同士で意見を出し、修正をする。責任者がまとめ、資料をつくる。 | □組体操の資料DVDや本<br>□教師が作成した資料<br>□BGM<br>□音楽プレーヤー |
| 練習1週間前 | ●**児童に向けた組体操の説明**<br>児童に組体操の説明を行う。前年度の映像を見せる。<br>●**保護者への連絡**<br>保護者に向けた資料をつくり、配布する。安全への配慮と無理のない演技をすることを記載する。 | □組体操の資料DVDや本<br>□保護者への配布資料<br>□前年度の映像 |
| 練習前日 | ●**最終打ち合わせを行う**<br>練習前の最終打ち合わせを行う。テーマや曲、ナレーションの確認をする。運動会当日までの練習の流れを責任者が説明する。<br>●**練習に使用する準備物の確認をする**<br>練習に使用する音楽プレーヤーや資料の確認をする。 | □組体操の資料DVDや本<br>□BGM<br>□音楽プレーヤー |

## 実際の指導プラン（10日間）

組体操の指導プラン（10日間）

| 日 | 指導の要点 | 教師の役割と準備 |
|---|---|---|
| 1 | ○組体操への意欲を高める<br>○練習計画と注意点の説明<br>○直立の姿勢<br>○1〜2人技の組み合わせと指導<br>○迅速な整列 | ・指導プラン<br>・技の確認ワークシート<br>・技のポイント確認用DVDと本<br>A教師：指導責任者<br>B・C教師：個別指導 |
| 2 | ○前回指導した技の復習<br>○3〜6人技の組み合わせと指導<br>○隊形移動の指導 | ・前回の改善点をまとめた資料<br>・技のポイント確認用DVDと本<br>・隊形移動の配置図<br>A教師：指導責任者<br>B・C教師：個別指導 |
| 3 | ○前回指導した技の復習<br>○隊形移動の復習<br>○組み合わせの変更<br>○個別練習 | ・前回の改善点をまとめた資料<br>・技のポイント確認用DVDと本<br>・隊形移動の配置図<br>A教師：指導責任者<br>B・C教師：個別指導 |
| 4 | ○今までの技の復習<br>○ウォール技の組み合わせと指導<br>○多人数技の組み合わせと指導 | ・前回の改善点をまとめた資料<br>・技のポイント確認用DVDと本<br>・隊形移動の配置図<br>A教師：指導責任者<br>B・C教師：個別指導 |
| 5 | ○前回指導した技の復習<br>○入退場の指導<br>○全体の流れを意識した練習 | ・技のポイント確認用DVDと本<br>・隊形移動の配置図<br>A教師：指導責任者<br>B・C教師：個別指導 |
| 6 | ○入退場の復習<br>○10人タワーの組み合わせと指導 | ・技のポイント確認用DVDと本<br>・隊形移動の配置図<br>A教師：指導責任者<br>B・C教師：個別指導 |
| 7 | ○10人タワーの復習<br>○ウェーブの組み合わせと指導 | ・技のポイント確認用DVDと本<br>A教師：指導責任者<br>B・C教師：個別指導 |
| 8 | ○すべての技の復習<br>○全体の通し練習 | ・技のポイント確認用DVDと本<br>・隊形移動の配置図<br>A教師：指導責任者<br>B・C教師：個別指導 |
| 9 | ○音楽を流した通し練習<br>○技の最終確認 | ・技のポイント確認用DVDと本<br>・隊形移動の配置図<br>・BGMと音楽プレーヤー<br>A教師：指導責任者<br>B・C教師：個別指導 |
| 10 | ○リハーサル<br>○本番への意欲を高める | ・技のポイント確認用DVDと本<br>・体型移動の配置図<br>・BGMと音楽プレーヤー<br>A教師：指導責任者<br>B・C教師：個別指導 |

## 組体操の指導 1日目

**本番10日前**　場所：体育館　役割：A教師：指導責任者／B・C教師：個別指導

### 組体操の準備
- 指導プラン
- 技の確認ワークシート
- 技のポイント確認用DVDと本

### 指導の要点
- 組体操への意欲を高める
- 練習計画と注意点の説明
- 直立の姿勢　● 迅速な整列
- 1〜2人技の組み合わせと指導

### ピックアップ

**直立**
- 顔は正面を向く
- 胸と腰をそりすぎない
- 頭→耳→肩→太もも付け根→ひざ→土踏まずが一直線になる

| 指導の内容 | 指導のポイント | 児童の動き |
|---|---|---|
| ・組体操のテーマや目標についての説明 | ★体育館に集合したら速やかに整列させる。<br>★なぜこのテーマになったのかを説明する。 | ・整列 |
| ・練習計画と注意点の説明 | ★組体操の注意点や、楽しさを伝え、児童の意欲を高める。 | ・質疑応答<br>・準備運動 |
| ・直立の重要性を説明 | ★直立は、組体操の技すべての基本になる姿勢ということを伝える。 | |
| ・1人技の指導<br>　直立　馬　天突き<br>　片手支持　V字バランスなど | ★1つひとつの技を真剣に行うように促す。<br>★1人技はとくに美しく見えるように、ポイントをしっかりと指導する。 | ・1人技の練習 |
| ・2人技の組み合わせと指導<br>　補助倒立　サボテンなど | ★1つひとつの技を真剣に行うように促す。<br>★教師が実際に技を行い、児童に見せる。<br>★笛の合図で技を行うように指導する。 | ・2人技の組み合わせと練習 |
| ・まとめを話す<br>・次回の練習の内容説明 | ★児童のよかった点と改善点を伝える。 | ・整列<br>・自己評価 |

- □ 速やかに整列できたか
- □ 直立はしっかりとできていたか
- □ 意欲的に取り組んでいたか
- □ 話をきちんと聞けていたか
- □ 目標を設定できていたか
- □ よい点・改善点が理解できたか

## 組体操の指導 2日目

### 本番9日前

**場所**：体育館
**役割**：A教師：指導責任者　B・C教師：個別指導

**組体操の準備**
- 前回の改善点をまとめた資料
- 技のポイント確認用DVDと本
- 隊形移動の配置図

**指導の要点**
- 前回指導した技の復習
- 3～6人技の組み合わせと指導
- 隊形移動の指導

**ピックアップ：飛行機**
- 上の人は腕を垂直に伸ばす
- 前後の人は背すじを伸ばす
- 前後の人は広がりすぎないようにする

| 指導の内容 | 指導のポイント | 児童の動き |
|---|---|---|
| ・本日の練習の説明 | ★体育館に集合したら速やかに整列させる。<br>★本日の練習が何を中心に行うか説明する。 | ・整列<br>・準備運動 |
| ・前回指導した技の復習 | ★よくできている児童や教師の見本を見せる。 | ・1～2人技の復習 |
| ・1人技から2人技への隊形移動 | ★隊形移動は、笛を使って指示を行うようにする。 | ・1～2人技の隊形移動 |
| ・3～6人技の組み合わせと指導<br>　3人技 ▶ 飛行機<br>　　　　　3人サボテンなど<br>　4人技 ▶ 騎馬<br>　　　　　4人タワーなど<br>　5人技 ▶ 5人扇<br>　　　　　5人やぐらなど<br>　6人技 ▶ 6人ピラミッド<br>　　　　　高速ピラミッドなど | ★高さが出る技は、必ず教師が補助につくようにする。<br>★各教師は、児童がケガをすることがないように、順番に教える。 | ・3～6人技の組み合わせと練習 |
| ・3～6人技の隊形移動 | ★3～6人技の隊形移動は、複雑になるので、配置図を見ながら入念に指導する。 | ・3～6人技の隊形移動 |
| ・まとめを話す<br>・次回の練習の内容を説明する | ★児童のよかった点と改善点を伝える。 | ・整列<br>・自己評価 |

- □ 速やかに整列できたか
- □ 意欲的に取り組んでいたか
- □ 笛の合図で動けていたか
- □ 隊形移動は速やかに行ったか
- □ 話をきちんと聞けていたか
- □ よい点・改善点が理解できたか

## 組体操の指導 3日目

**本番8日前**

場所: 体育館
役割: A教師：指導責任者　B・C教師：個別指導

### 組体操の準備
- 前回の改善点をまとめた資料
- 技のポイント確認用DVDと本
- 隊形移動の配置図

### 指導の要点
- 前回指導した技の復習
- 組み合わせの変更
- 個別練習

### ピックアップ

**6人ピラミッド**
- 土台の人は体が内側に密着するよう意識する
- 土台の人は体を動かさない
- 3段目の人は上に乗る際に、素早い動きを心掛ける

| 指導の内容 | 指導のポイント | 児童の動き |
|---|---|---|
| ・本日の練習の説明 | ★体育館に集合したら速やかに整列させる。<br>★前回の技と隊形移動の復習を中心に行うことを説明する。 | ・整列<br>・準備運動 |
| ・前回の技の復習（3〜6人技） | ★よくできている児童や教師の見本を見せる。 | ・3〜6人技の復習 |
| ・隊形移動の復習 | ★隊形移動は笛の合図で自主的に動くように指導する。 | ・3〜6人技の隊形移動の復習 |
| ・グループごとに担当教師の個別指導 | ★児童同士によかったところ、悪かったところを指摘させる。 | ・1〜6人技の個別確認 |
| ・組み合わせの変更 | ★どうしても技がうまくいかないグループは組み合わせを変更する。 | |
| ・練習のまとめ<br>・次回の練習の内容説明 | ★児童のよかった点と改善点を伝える。 | ・整列<br>・自己評価 |

- □速やかに整列できたか
- □隊形移動は速やかに行ったか
- □意欲的に取り組んでいたか
- □話をきちんと聞けていたか
- □笛の合図で動けていたか
- □よい点・改善点が理解できたか
- □グループのよい点・改善点が理解できたか

## 組体操の指導 4日目

### 本番7日前

**場所** 体育館
**役割** A教師：指導責任者　B・C教師：個別指導

#### 組体操の準備
- 前回の改善点をまとめた資料
- 技のポイント確認用DVDと本
- 隊形移動の配置図

#### 指導の要点
- 今までの技の復習
- ウォール技の組み合わせと指導
- 多人数技の組み合わせと指導

**ピックアップ**

**10人ピラミッド**
- 土台の人は手足の位置を決めたら、動かさない
- 体は内側に寄せ、密着させる
- 土台の人は腕を交差させる

| 指導の内容 | 指導のポイント | 児童の動き |
|---|---|---|
| ・本日の練習の説明 | ★体育館に集合したら速やかに整列させる。<br>★ウォール技・多人数技を中心に行うことを説明する。 | ・整列<br>・準備運動 |
| ・1～6人技の復習 | ★1～6人技のポイントを復習する。完成度を高めるようにする。 | ・1～6人技の復習 |
| ・1～6人技の隊形移動 | ★技から技へのつながりを意識して、素早く動くように指導する。 | ・1～6人技の隊形移動 |
| ・ウォール技の組み合わせと指導<br>　サボテンウォール<br>　やぐらウォールなど | ★背の順に美しく見えるように並ばせる。 | ・ウォール技の組み合わせと練習 |
| ・多人数技の組み合わせと指導をする<br>　10人ピラミッド<br>　8人ピラミッドなど | ★グループ1つひとつに、教師全員で補助につき、指導する。<br>★多人数技に加わらない児童には、まわりで少人数技を行わせる。 | ・多人数技の組み合わせと練習 |
| ・うまくいかないグループの技の切り替え | ★うまくいかないグループは、似た少人数技を組み合わせる。 | ・技の変更 |
| ・練習のまとめ<br>・次回の練習の内容説明 | ★ウォール技・多人数技のよかった点と改善点を伝える。 | ・整列<br>・自己評価 |

- □ 速やかに整列できたか
- □ 隊形移動は速やかに行ったか
- □ 意欲的に取り組んでいたか
- □ 話をきちんと聞けていたか
- □ 笛の合図で動けていたか
- □ よい点・改善点が理解できたか
- □ グループのよい点・改善点が理解できたか

## 組体操の指導 5日目 — 本番6日前

**場所**：体育館
**役割**：A教師：指導責任者／B・C教師：個別指導

### 組体操の準備
- 技のポイント確認用DVDと本
- 隊形移動の配置図

### 指導の要点
- 前回指導した技の復習
- 入退場の指導
- 全体の流れを意識した練習

### ピックアップ

**8人ピラミッド**
- 土台の人は背中をまっすぐにする
- 2段目の人は腰に手をつく
- 前後の土台は離れないように密着させる

| 指導の内容 | 指導のポイント | 児童の動き |
|---|---|---|
| ・本日の練習の説明 | ★集合したら速やかに整列させる。<br>★入退場と流れに沿った練習を中心に行うことを説明する。 | ・整列<br>・準備運動 |
| ・前回指導した技の復習<br>（ウォール技・多人数技） | ★ウォール技の形を見て、必要な場合は並び替えを行う。<br>★多人数技は細かい部分を見て、完成度を高める。 | ・ウォール技、多人数技の復習 |
| ・入退場の指導 | ★入退場は素早く動くように指示する。入場から1人技につながることを意識させる。<br>★多人数技から退場までは、技は行わず退場の流れまでを練習する。 | ・入退場の練習 |
| ・全体の流れを意識した練習<br>（入場からウォール技・多人数技までの隊形移動と実践） | ★入場からウォール技・多人数技までを繰り返し行い、流れを理解させる。 | ・入退場を含む流れを意識した練習 |
| ・練習のまとめ<br>・次回の練習の内容説明 | ★児童のよかった点と改善点を伝える。<br>★練習に慣れ、気が緩んでくる頃なので、気を引きしめて練習をするように伝える。 | ・整列<br>・自己評価 |

- □ 速やかに整列できたか
- □ 意欲的に取り組んでいたか
- □ 見通しを持って動いていたか
- □ 隊形移動は速やかに行ったか
- □ 話をきちんと聞けていたか
- □ よい点・改善点が理解できたか

## 組体操の指導
### 6日目 本番5日前

**場所**：体育館
**役割**：A教師：指導責任者　B・C教師：個別指導

**組体操の準備**
- 技のポイント確認用DVDと本
- 隊形移動の配置図

**指導の要点**
- 入退場の復習
- 10人タワーの組み合わせと指導

**ピックアップ**

**10人タワー**
- 1段目の人が立ち上がれない場合は、外側を向いて馬になり、土台になってもよい
- 立ち上がったり、しゃがんだりする際には必ず声を掛ける

| 指導の内容 | 指導のポイント | 児童の動き |
|---|---|---|
| ・本日の練習の説明 | ★集合したら速やかに整列させる。<br>★10人タワーの練習を中心に行うことを伝える。 | ・整列<br>・準備運動 |
| ・入退場の復習 | ★児童に笛の合図だけで、入退場をするよう指示する。<br>★動きを確認したら、位置がずれているところの調整を行う。 | ・入退場の復習 |
| ・10人タワーの組み合わせと指導 | ★いくつかのグループに分け、教師全員でグループごとに指導する。<br>★10人タワーが難しいグループは、ほかの技を行うようにする。<br>★6人と3人、3人と1人でタワーをつくる練習も行う。 | ・10人タワーの組み合わせと指導 |
| ・練習のまとめ<br>・次回の練習の内容説明 | ★グループごとに10人タワーを見せ合い、よい点、改善点を確認させる。 | ・整列<br>・相互評価 |

- □ 速やかに整列できたか
- □ 意欲的に取り組んでいたか
- □ 10人タワーに真剣に取り組んでいたか
- □ 隊形移動は速やかに行ったか
- □ 話をきちんと聞けていたか
- □ よい点・改善点が理解できたか

## 組体操の指導 7日目 — 本番4日前

**場所**：体育館
**役割**：A教師：指導責任者　B・C教師：個別指導

### 組体操の準備
- 技のポイント確認用DVDと本

### 指導の要点
- 10人タワーの復習
- ウェーブの組み合わせと指導

### ピックアップ

**ウェーブ**
- 手を組み、腕の交差をそろえる
- ひざの位置をそろえる
- 背の順に並ぶ

| 指導の内容 | 指導のポイント | 児童の動き |
|---|---|---|
| ・本日の練習の説明 | ★集合したら速やかに整列させる。<br>★ウェーブの練習を中心に行うことを伝える。 | ・整列<br>・準備運動 |
| ・10人タワーの復習<br>（足の位置や立ち上がり方） | ★本番の隊形で10人タワーをつくり、各教師が補助に入る。<br>★立ち上がる際に声が出ているか、足を首の付け根に乗せているか細かい部分の確認をする。 | ・10人タワーの復習 |
| ・ウェーブの組み合わせと指導 | ★背の順に児童を並ばせる。<br>★立ち上がって手を組ませて、形の確認をする。<br>★ひざの位置を、体育館の線を使ってそろえるように指示する。 | ・ウェーブの組み合わせと練習 |
| ・練習のまとめ<br>・次回の練習の内容説明 | ★児童のよい点と改善点を伝える。<br>★グラウンドでの練習に向けて説明を行う。 | ・整列<br>・自己評価 |

- □ 速やかに整列できたか
- □ 意欲的に取り組んでいたか
- □ ウェーブの美しさを意識していたか
- □ 隊形移動は速やかに行ったか
- □ 話をきちんと聞けていたか
- □ よい点・改善点が理解できたか

# 組体操の指導
## 8日目 本番3日前

**場所**: グラウンド
**役割**: A教師：指導責任者　B・C教師：個別指導

### 組体操の準備
- 技のポイント確認用DVDと本
- 隊形移動の配置図

### 指導の要点
- すべての技の復習
- 全体の通し練習

### ピックアップ

**大トーテムポール**
- 高さのある技なので、必ず補助の人をつけ指導する
- 左右前後に体がぶれないようにする
- 手足をしっかりと伸ばす

| 指導の内容 | 指導のポイント | 児童の動き |
| --- | --- | --- |
| ・本日の練習の説明 | ★集合したら速やかに整列させる。<br>★体育館とグラウンドの練習の違いを示す。<br>★教師も児童と一緒に裸足になって指導する。 | ・整列<br>・準備運動 |
| ・すべての技の復習をする | ★技の細かいポイントを確認する。各教師がそれぞれの場所で指導を行う。<br>★できていない児童がいたら、重点的に指導する。 | ・技の復習 |
| ・隊形移動の練習をする | ★技から技への隊形移動を、流れで行う、できていないところを重点的に指導する。 | ・隊形移動の練習 |
| ・通し練習 | ★入場から退場まで、笛の合図だけで行う。本番の動きを定着させる。<br>★うまくいかない際には、その都度指導する。 | ・通し練習 |
| ・練習のまとめ<br>・次回の練習の内容説明 | ★児童のよい点と改善点を確認させる。 | ・整列<br>・相互評価 |

- ☐ 速やかに整列できたか
- ☐ 流れを意識して動けていたか
- ☐ 見通しを持って動けていたか
- ☐ 隊形移動は速やかに行ったか
- ☐ 話をきちんと聞けていたか
- ☐ よい点・改善点が理解できたか

## 組体操の指導 9日目　本番2日前

**場所**：グラウンド
**役割**：A教員：指導責任者　B・C教員：個別指導

### 組体操の準備
- 技のポイント確認用DVDと本
- 隊形移動の配置図
- BGMと音楽プレーヤー

### 指導の要点
- 音楽を流した通し練習
- 技の最終確認

### ピックアップ

**高速ピラミッド**
- 準備の体勢は低く構える
- 3段目の人は飛び乗るようにする
- 完成と準備を繰り返し行うこともできる

| 指導の内容 | 指導のポイント | 児童の動き |
| --- | --- | --- |
| ・本日の練習の説明 | ★集合したら速やかに整列させる。<br>★音楽に合わせた通し練習を中心に行うことを説明する。 | ・整列<br>・準備運動 |
| ・音楽に合わせた通し練習 | ★音楽の区切り（曲の変わり目）に注意させて隊形移動の確認を行う。<br>★隊形移動の確認を終えたら、技も含めた通し練習を行う。 | ・通し練習 |
| ・技の最終確認と復習 | ★難易度の高い技を中心に、確認する。当日どこに補助の教師を配置するか決める。 | ・技の復習<br>・改善点の確認 |
| ・練習のまとめ<br>・次回の練習の内容説明 | ★体調に問題はないか、児童に確認をする。<br>★児童のよい点と改善点を伝える。 | ・整列<br>・自己評価 |

- □ 速やかに整列できたか
- □ 意欲的に取り組んでいたか
- □ 音楽に合わせて見通しを持って動けていたか
- □ 隊形移動は速やかに行ったか
- □ 話をきちんと聞けていたか
- □ よい点・改善点が理解できたか

## 組体操の指導 10日目

### 本番1日前

**場所** グラウンド
**役割** A教員：指導責任者　B・C教員：個別指導

#### 組体操の準備
- 技のポイント確認用DVDと本
- 隊形移動の配置図
- BGMと音楽再生プレーヤー

#### 指導の要点
- リハーサル
- 本番への意欲を高める

**ピックアップ**

**天突き**
- 足は肩幅に開く
- 胸を張って、前かがみにならないようにする
- 力強く手のひらで天を突く

| 指導の内容 | 指導のポイント | 児童の動き |
|---|---|---|
| ・本日の練習の説明 | ★集合したら速やかに整列させる。<br>★リハーサルを本番の気持ちで臨むように伝える。 | ・整列<br>・準備運動 |
| ・リハーサル | ★1回リハーサルを終えたら、よい点と改善点を伝える。<br>★よりよい演技を行うためにはどうしたらいいのか、ポイントを示す。<br>★再度リハーサルを行い、改善できているか、確認をする。 | ・リハーサル<br>・改善点を聞く |
| ・運動会当日の説明 | ★運動会に向けて、最高の演技ができるように、児童の気持ちを高める。<br>★不安が残る児童がいるようなら、教師同士で対策を考える。<br>★ゆっくり休んで、万全の体調で臨むように伝える。 | ・整列 |

- □ 速やかに整列できたか
- □ 意欲的に取り組んでいたか
- □ 音楽に合わせて見通しを持って動けていたか
- □ 隊形移動は速やかに行ったか
- □ 話をきちんと聞けていたか
- □ よい点・改善点が理解できたか

#### 著者
### 谷古宇 栄（やこう・さかえ）
1961年東京都生まれ。文教大学教育学部初等教育課程体育専修卒業。現在、台東区立東泉小学校に勤務する。長きにわたり東京都小学校体育研究会に所属し、とくに体操、体つくり運動領域で授業研究を続けた。授業実践を第一と考え、日々地道な授業研究を重ねている。

### [STAFF]
#### 写真撮影
田中つとむ
#### DVD制作
株式会社PINE10
#### DVD編集・MA
有限会社オールブルー
#### オーサリング
株式会社ワールドライブラリー
#### 撮影協力
東京都台東区立上野小学校

学校法人聖学院 聖学院小学校

上野小学校6年児童
#### 本文デザイン
島田利之（株式会社シーツ・デザイン）
#### イラスト
あくつじゅんこ
#### 編集・製作
株式会社童夢
#### 編集担当
原智宏（ナツメ出版企画株式会社）

---

### DVD付き みんなが輝く！ 組体操の技と指導のコツ

2015年3月1日　初版発行
2019年8月10日　第5刷発行

著　者　谷古宇栄　　　　　　　　　　©Yako Sakae,2015
発行者　田村正隆

発行所　株式会社ナツメ社
　　　　東京都千代田区神田神保町1-52 ナツメ社ビル1F（〒101-0051）
　　　　電話　03(3291)1257(代表)　　FAX　03(3291)5761
　　　　振替　00130-1-58661
制　作　ナツメ出版企画株式会社
　　　　東京都千代田区神田神保町1-52 ナツメ社ビル3F（〒101-0051）
　　　　電話　03(3295)3921(代表)
印刷所　図書印刷株式会社

ISBN978-4-8163-5776-3　　　　　　　　　　Printed in Japan

〈本書に関するお問い合わせは、上記、ナツメ出版企画株式会社までお願いいたします。〉
価格はカバーに表示してあります。落丁・乱丁本はお取り替えします。

本書の一部または全部を著作権法で定められている範囲を超え、ナツメ出版企画株式会社に無断で複写、複製、転載、データファイル化することを禁じます。